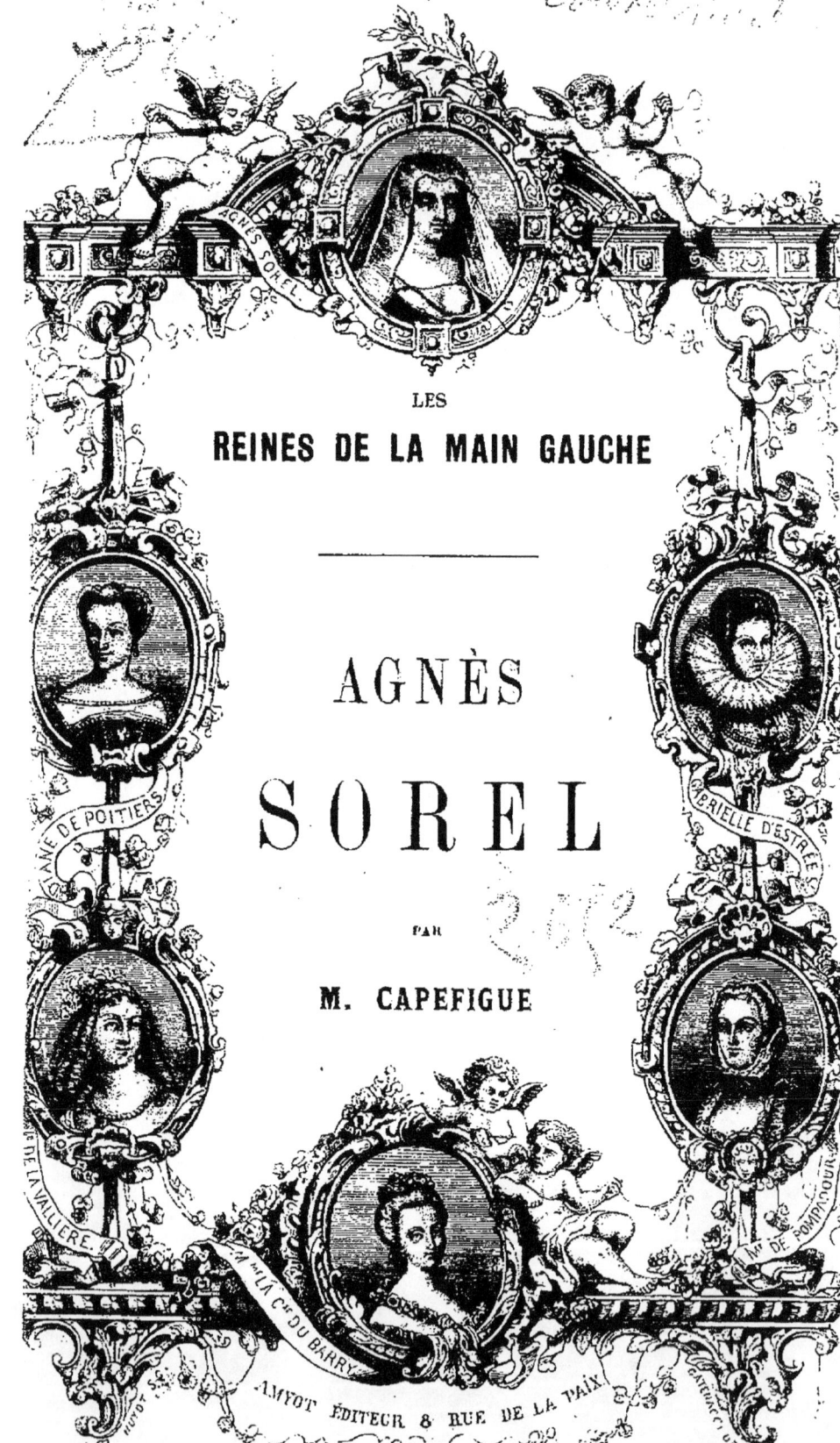

AGNÈS SOREL

ET

LA CHEVALERIE

TYPOGRAPHIE ERNEST MEYER, 22, RUE DE VERNEUIL, A PARIS.

AGNÈS SOREL

ET

LA CHEVALERIE

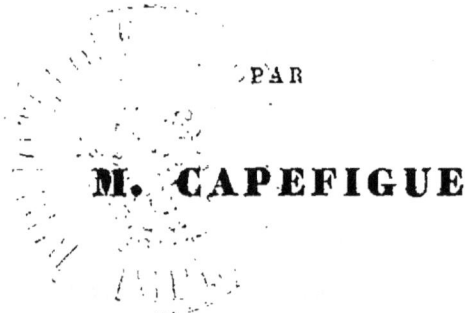

PAR

M. CAPEFIGUE

PARIS

AMYOT, ÉDITEUR, RUE DE LA PAIX

—

MDCCCLX

L'influence des caractères est souvent la cause des grands événements dans l'histoire : de frêles mains ont conduit les destinées des nations ; et c'est ce qui peut expliquer et justifier le titre un peu osé de ces études.

Ces livres ne sont pas un recueil d'anecdotes, une manière de mémoires qui peuvent servir la frivole curiosité des oisifs ; ils ont pour but de rechercher la part qu'il faut faire à quelques femmes d'une célébrité gracieuse dans nos annales publiques.

Cette influence est incontestable et presque permanente. Où en est la cause réelle et sérieuse ? N'a-t-elle pas sa source dans un fait que je soumets à l'examen des érudits.

La nation française s'est toujours distinguée entre toutes par ses mœurs douces et polies. A un mâle et glorieux caractère qui la fait courir sur les champs de bataille, elle associe une galanterie parfaite, une foi chevaleresque; et pourtant, par une singulière anomalie, cette nation est presque la seule qui ait exclu les femmes du trône.

Il a dû en résulter une lutte entre l'influence de la femme et la puissance de l'homme, une sorte de prise de possession de la royauté par la grâce et le caprice; l'Hercule antique filait aux pieds d'Omphale, le chœur des nymphes environnait le trône de Jupiter, la massue s'émoussait sur les couronnes de rose.

Je crois que la loi salique en France a peut-être contribué à créer cette puissance irrégulière de la femme en lui refusant le droit héréditaire et légitime ; il en est résulté, pour nous servir d'un axiome dont on a trop abusé dans le droit parlementaire moderne, que le roi régnait et la favorite gouvernait.

L'auteur ne veut pas refaire le fade madrigal du *Mérite des Femmes* ou entrer dans le panthéisme médical qui place la ménagère entre l'insecte et l'oiseau ! L'objet de cette étude est plus simple et tout historique ; il consiste à recueillir les faits et à les grouper autour de chacun de ces portraits que nous voyons briller dans nos musées.

Le premier de ces portraits qui se présente à nous est celui d'Agnès Sorel; il vient escorté d'un doux prestige et d'un sentiment national; les chroniques anciennes comme les chants modernes, le roman, le drame, ont célébré à l'envi Agnès Sorel, et il faut bien que cette charmante image porte avec elle-même un caractère de beauté et de grâce particulières.

Agnès Sorel fut la femme des temps de chevalerie, et c'est le moyen âge qui a créé le respect, l'amour de la femme, et ce mélange de nobles et doux sentiments inconnu à la Grèce avec ses courtisanes, à Rome avec ses matrones austères et plus tard dégénérées.

Le moyen âge dut son doux respect pour la femme au culte de la Vierge Marie; l'influence de ce saint culte sur les arts et les mœurs fut immense, et la femme en a gardé une profonde reconnaissance ; Elle court au pied de ses autels, l'invoque de ses prières, lui recommande son enfant au berceau. La renaissance l'idéalisa dans les vierges de Raphaël.

Ce travail sur Agnès Sorel, je l'espère, sera nouveau et sérieux ; il fera connaître sous un aspect particulier le règne de Charles VII qui précéda Louis XI ; la chevalerie avait perdu ses éperons aux tristes défaites de Créci, Poitiers et Azincourt ; le roi Jean et Charles VI virent la puissance des halles et la guerre civile ; sous Charles VII s'élève la domination des grandes compagnies de gens d'armes ; Louis XI régularise par un pouvoir violent la bourgeoisie et les métiers.

Dans cette étude s'offrent à la fois deux images : celle de Jeanne d'Arc et celle d'Agnès Sorel. A Dieu ne plaise que je veuille nier ni même affaiblir la sainte légende de la fille de Domrémy! mais il sera constaté qu'elle ne fut qu'un glorieux incident dans le réveil de la chevalerie; un épisode qui à peine dura onze mois : elle fut limitée par le temps et les événements. Les véritables causes du triomphe de l'étendard français et de l'expulsion des Anglais, il faut les chercher dans l'énergie d'Agnès Sorel et dans les dons en écus d'or de l'argentier Jacques Cœur.

Je reviens à mes études chéries dans ce livre sur le moyen âge; elles commencèrent avec Philippe-Auguste; j'ai toujours aimé le vieux temps, et on me le reproche bien souvent avec un superbe dédain pour mon enthousiasme ; et qui sait mieux que moi que les vieux temps sont morts et qu'ils ne peuvent plus se reproduire? raison de plus pour leur rendre justice, pour se mirer dans leurs prodiges, pour se plaire dans leur candeur.

D'ailleurs il y a toujours chez les nations modernes, au milieu des merveilles de l'industrie et de la civilisation avancée, un noble côté qui tient du moyen âge, c'est la religion de la gloire, c'est ce bel héritage qui fait passer de drapeau en drapeau l'abnégation, le dévouement ; oui, le soldat est une tradition du moyen âge ; elle n'est ni la moins belle ni la moins grande. Oh! laissez aux peuples leurs légendes ; elles relèvent les caractères, elles amusent quelquefois aussi les générations toujours enfants qui aiment les belles histoires et les féeries d'or de nos bons aïeux.

Paris, 15 avril 1860.

I

Isabeau de Bavière. — La folie de Charles VI. — La gentille Odette.

(1390 — 1400.)

Le 13 juillet 1385, dans l'église cathédrale d'Amiens, fut célébré le mariage du roi Charles VI et de madame Isabelle ou Isabeau de Bavière. Le roi avait alors dix-sept ans ; brave et noble chevalier, il s'était déjà illustré dans les batailles en Flandre et en Normandie ; à la mêlée de Rosbecque, on l'avait vu, presque enfant, disperser un corps de brasseurs flamands que conduisait le chef des métiers Arteveld ; il avait réprimé les émeutes des halles de Paris soulevées sous les bouchers Legoys, Sanctyon et Thibert. Ces bons bourgeois et métiers s'étaient imaginés qu'ils feraient grand'peur à la chevalerie de Charles VI en se groupant, au nombre de plus de vingt mille, avec arbalètes, masses d'armes, longues épées, entre la porte Saint-Denis et le clos Saint-Lazare ; le Roi leur fit dire qu'ils eussent au plus tôt à déguerpir avec leurs armes et leurs bagages, et ils obéirent sans résister (1) ; il avait arraché le pouvoir désordonné aux mains du chirurgien-barbier Capeluche (devenu bourreau depuis) et de l'écorcheur de viandes, Caboche, si aimé de la multitude (2).

D'après les miniatures des manuscrits, Charles VI avait la figure un peu pâle, les yeux grands, les sourcils arqués, la bouche enfantine et rieuse ; il était toujours d'une grande élégance de caractère, joyeux de propos, mais retenu dans l'expression, parce qu'il avait été longtemps sous la tutelle du connétable de Clisson, le plus grave des chevaliers de la race bretonne.

La princesse Isabeau de Bavière que le Roi

---

(1) Une des belles miniatures du Mss. de Froissart, Bibliothèque impériale, reproduit cette revue des bourgeois de Paris.

(2) Comparez la *Chronique de Saint-Denis*, ad ann. 1391-1400, et Juvénal des Ursins, *ibid*. Le *Journal d'un bourgeois de Paris* ne commence qu'en 1402. Le Laboureur et Secousse, de l'ancienne Académie des inscriptions, ont éclairci avec beaucoup d'érudition le règne de Charles VI.

épousait était fille d'Étienne II, duc de Bavière, prince palatin du Rhin (1) ; sa mère était Tadie Visconti de Milan. Isabeau de Bavière avait à la fois du sang allemand et italien dans les veines, c'est-à-dire le plus noble et le plus pur des mélanges. Aussi sa beauté était merveilleuse ; Issbeau d'une taille au-dessus de la moyenne avait les yeux bleus, les cils noirs, et par une particularité divine, ses cheveux étaient d'un blond d'or. Dans une miniature, on la voit présentée au jeune roi par la duchesse de Bourgogne ; sa coiffure est élevée, son voile jeté par derrière descend jusqu'au-dessous de sa taille très-amincie ; sa robe bleue en brocard se déroule jusque sur ses souliers en poulaine, selon l'usage du temps ; il respire dans toute sa personne une grâce voluptueuse. Brantôme, qui écrivait un siècle plus tard, dit de la reine Isabeau de Bavière : « On lui donne le los d'avoir apporté en France les pompes et gorgialités pour bien habiller superbement les dames (2). » Elle avait été conduite à Amiens en pèlerinage par le duc Frédéric de Bavière ; le roi

---

(1) D'après les *Chroniques*, Charles V, en mourant, avait conseillé une alliance avec l'Allemagne.

(2) *Sur la reine Marguerite.*

Charles VI l'avait vue agenouillée devant la Vierge ; il en devint éperduement amoureux (1) ; les noces furent célébrées en grand pompe en la cathédrale d'Amiens.

La reine Isabelle, gracieuse entre toutes, apporta dans la vie de château un esprit de luxe et de fêtes, des parures plus brillantes ; et ce fut à qui l'emporterait d'elle ou des duchesses de Bourgogne, de Berri, des comtesses de Bar, de Nevers, des dames de Coucy et de Touraine : la plus solennelle des fêtes fut l'entrée de la Reine à Paris pour son couronnement à Notre-Dame. Le moyen-âge avait porté fort loin la richesse des solennités, la variété des cortéges et processions ; on partit donc de Saint-Denis, en litière couverte de drap d'argent ; la jeune Reine était entourée de la plus brillante chevalerie ; sur toute la route, douze cents notables bourgeois en chaperons rouge, bleu et vert l'acclamaient. A la porte Saint-Denis, de petits anges, sortis d'un beau nuage (2) s'amusèrent

(1) Ce pèlerinage avait été concerté comme une entrevue. Isabeau était née en 1371 ; elle avait par conséquent quatorze ans.

(2) Cette description des fêtes de Paris se trouve dans la *Chronique de Saint-Denis*. Juvénal des Ursins est plus sérieux : les miniatures du Mss. de Froissart reproduisent ces fêtes (Biblioth. imp.).

à folâtrer avec de petits moulinets faits d'une noix creuse; dans la rue Saint-Denis, de jeunes damoiselles parées de drap d'or s'étaient assises près d'une fontaine drapée d'azur, et en offrant du vin et de l'hypocras, chantaient d'une voix mélodieuse avec un chœur d'anges :

> Notre dame des fleurs de lys,
> Soyez reine du Parisis;
> De France, de ce beau pays
> Nous retournons au Paradis.

Et les séraphins s'envolèrent vers le nuage bleu et or.

Personne n'était donc populaire comme la reine Isabeau, bientôt féconde en fils, en filles, héritiers du lignage de France; on ne rêvait que chevalerie et fêtes, pèlerinages et tournois; Palestine, Italie, Bretagne, Normandie, tout était à visiter, à conquérir, et le jeune Roi se trouvait dans de chevauchées continuelles. Tant de séditions et de conjurations avaient éclaté autour de lui qu'il vivait en de tristes défiances; il passait d'une douceur extrême à des actes de colère violente, si bien que l'on disait déjà partout : « Notre droit sire serait-il insensé ! » Lors de son expédition de Bretagne, une circonstance particulière vint aggraver son état :

comme il était déjà échauffé par une longue route et par les rayons d'un soleil brûlant, un homme, à la barbe inculte, aux vêtements étranges, s'arrêta devant lui, s'empara de la bride de son cheval en s'écriant : « Roi, on te trahit ! » Charles VI crut à une sorte d'apparition ; il prit son épée à deux mains, frappa autour de lui d'estoc et de taille (1). On se saisit du roi comme d'un fou furieux : ramené dans un chariot couvert à Paris, au château des Tournelles, puis au vieux Louvre, il ne cessa de se montrer triste, inquiet, préoccupé. De temps à autre, il revenait à la joie, au plaisir, qui étaient dans son caractère, et surtout dans les goûts de la reine Isabeau (2), coquette et rieuse.

On dansait dans des ballets, on faisait des mascarades aux flambeaux. Un soir que le roi et quelques jeunes sires de la cour étaient déguisés en sauvages tout couverts de laines, on approcha d'eux avec familiarité et confiance pour les reconnaître : le feu prit aux étoupes, et bientôt les vêtements des sauvages s'enflammant, ils ne devinrent plus que des torches humaines allumées : le Roi fut sauvé par un mi-

---

(1) Selon Juvénal des Ursins, il tua quatre chevaliers de sa main avant qu'on pût l'arrêter (*Chron. de l'année* 1391).

(2) *Chronique de Saint-Denis*, 1392.

racle ; on lui jeta un drap sur la tête, on enveloppa, on pressa son corps ; la vie fut sauvée, mais la folie revint sombre, mélancolique (1), car l'on soupçonnait une trahison.

Le Conseil, composé de ses oncles de Bourgogne et de Berri, prit la résolution de renfermer Charles VI au château du Louvre dans le plus profond isolement ; il refusait de voir la reine Isabeau, ses oncles, ses enfants ; il repoussait toute espèce de nourriture comme si elle eut été empoisonnée ; pour le distraire, on lui amena de folles femmes. Une seule jeune fille qui servait le Roi prit un doux ascendant sur lui : on la nommait Odette de Champvillers : son père était marchand de chevaux et venait souvent au Louvre pour le service. Le Roi avait pris un tel amour pour elle qu'il obéissait à ses caprices, comme un enfant à la loi d'un maître. Charles VI avait vingt-cinq ans, Odette dix-sept ; elle jouait du luth, savait les contes et les belles histoires de chevalerie ; entourée d'images, d'enluminures, Odette voulut apprendre au Roi le jeu des cartes et tarots (2)

---

(1) En l'année 1394 (en carnaval le mois de mars).

(2) Ces cartes dorées furent payées 56 sols parisis à Gringoneur (*compte du trésorier Charles Poupart*).

que Jacquemin Gringoneur, peintre et enlumineur de Paris, lui présenta : les cartes reproduisaient toute l'histoire des héros de chevalerie : le chevalier de l'Épée et de la Coupe, Otger le Danois, le duc Nayme de Bavière, si célèbre parmi les douze pairs fabuleux, les nobles épousées de Charlemagne, les varlets de cœur, de trèfle, de pique, de carreau, avec les noms de quelques braves paladins (1). Cet agréable jeu était seul capable de distraire le pauvre roi Charles VI, qui, de temps à autre, recouvrait la raison. La Bibliothèque possède dans son fonds de réserve les tarots peints qu'on dit avoir servi à Charles VI (2). Ces tarots sont d'une merveilleuse conservation : le pape d'abord, sur son trône, avec deux cardinaux, l'empereur dans la forme byzantine, l'ermite, la maison de Dieu, le chevalier d'un blond charmant, le fou, l'amoureux, le pendu qui tient à sa main deux bourses, la lune et l'astro-

---

(1) Le père Ménétrier a dit sans preuves que les cartes à jouer furent inventées par Jacquemin Gringoneur ; elles existaient auparavant ; on les trouve rappelées dans la *Chronique du petit Jehan de Saintré*, chap. 15 de l'époque de Charles V.

(2) La collection des cartes à jouer de la Bibliothèque impériale est magnifique. Fonds KH4.

nome, le soleil et la fileuse qui compte les heures, la justice, la force, la tempérance, la fortune qui mène le monde, la mort qui grimace gracieusement à cheval, car elle va vite, le jugement dernier où sont appelés les plus beaux corps, les femmes les plus voluptueuses, et peint à la façon du Giotto. Un des caprices de la triste folie du Roi était de jeter mille injures à la reine Isabelle; il ne pouvait plus la voir, elle qu'il avait tant aimée, et qui lui avait donné une noble postérité! On aurait dit que, comme dans les *chansons de geste* de la Bretagne, il avait bu aux eaux de la source des haines, qui faisait prendre en horreur la femme qu'on avait le plus aimée; tradition plus tard empruntée par l'Arioste dans les amours de Roland et d'Angélique.

On disait encore que, belle et galante, la reine Isabeau de Bavière oubliait le pauvre Roi pour les plaisirs et ballets, en l'hôtel qu'elle venait d'acheter au coin de la Vieille-Rue-du-Temple et de la rue Barbette; là, elle recevait les ducs d'Orléans et ses plus joyeux gentilshommes; c'était une cour toute séparée de celle des Tournelles et du vieux Louvre. Les bruits les plus étranges couraient sur la conduite de la Reine; mais on doit remarquer qu'on était

1.

alors en pleine guerre civile, et que les Bourguignons et les Armagnacs se détestaient profondément : l'arme des partis, c'est la calomnie.

II

Régence et gouvernement de la France pendant la maladie du Roi.

(1400 — 1420.)

La fécondité de la reine Isabeau, presque merveilleuse, avait donné onze enfants au Roi, dont six garçons : l'aîné était Louis, dauphin de France, duc de Guyenne, le second Jehan et le troisième Charles. D'après les coutumes du Parisis, la régence devait appartenir à la mère et au premier prince du sang, le duc d'Orléans, frère du roi ; mais la folie de Charles VI n'étant qu'un fait accidentel et la raison revenant quelquefois, il fut décidé qu'il n'y aurait qu'un gouvernement de famille, dans lequel entreraient les oncles du roi, ducs de Bourgogne et de Berri (1). C'était en quelque sorte placer

---

(1) Registre du parlement, 1401. On peut voir l'édition de Juvénal des Ursins, Paris, 1614, in-4, avec notes par le savant Godefroi.

l'anarchie dans l'autorité même, et l'on en vit bientôt les tristes conséquences : le duc de Bourgogne, si puissant déjà par ses terres féodales, devint le maître du Conseil par son habileté à caresser les intérêts populaires : un grand parti se forma autour de lui.

La chevalerie de France avait bien perdu de son prestige depuis les tristes défaites de Poitiers et de Crécy, où elle n'avait montré qu'un courage désordonné. De là, l'accroissement de la force bourgeoise et populaire ; la multitude dans les halles de Paris avait été maîtresse des affaires par le tumulte et la révolte, pendant la captivité du roi Jean ; elle s'en souvenait encore, et le règne procédurier et presque civil de Charles V avait encore contribué à la décadence de la chevalerie. Il s'était même opéré une transformation dans l'esprit militaire ; les compagnies de gens d'armes soldés remplaçaient les vieilles bandes féodales, de sorte que les chefs de ces compagnies aimées des halles devaient prendre la puissance dans la direction des affaires d'État. C'est ce qu'avait compris Jehan, duc de Bourgogne ; attentif à se faire un parti, caressant surtout les corporations, les métiers et les noms populaires aux halles de Paris, il avait rendu la multitude toute bourguignonne :

de cette manière, il pouvait gouverner avec l'assentiment du populaire.

Aussi n'hésita-t-il pas, par un coup de violence sanglante, à faire assassiner le duc d'Orléans (1). Ce jeune prince sortait de l'hôtel de la reine Isabeau, rue Barbette ; il était huit heures du soir, le couvre-feu était sonné, les rues étaient désertes ; monseigneur, frère du Roi, n'était suivi que de quelques pages ou varlets. Une troupe de gens armés se précipita sur le duc d'Orléans, qui fut tué à coups de hache et de poignard. Quelques jours après, le duc de Bourgogne vint déclarer audacieusement que le coup avait été fait par ses ordres, afin de venger l'honneur du Roi et de soulager le peuple de Paris. Le duc fut applaudi et prit le gouvernement de l'État ; le duc d'Orléans était encore l'expression du vieil esprit de la chevalerie qui s'affaiblissait ; la reine Isabeau avait secondé son amour pour les pompes, les fêtes et les plaisirs. On l'accusait de dépenses folles au détriment du pauvre peuple : un des curés de Paris (les grands tribuns des multitudes à cette

(1) Le coup se fit dans la nuit du 23 au 24 novembre 1407. On montre encore aujourd'hui une tourelle du palais de la reine Isabeau, au coin de la rue Barbette ; mais je crois à un anachronisme.

époque) s'écria devant la reine Isabeau elle-même, toute parée de pierreries et de velours doré : « Certes, je voudrais vous plaire, noble reine, mais je préfère votre salut à la crainte que peut me causer votre colère ; la seule déesse Vénus règne à votre cour, les bombances et ivresse y font de la nuit le jour et se mêlent aux danses lascives. Ce maudit et infernal cortége assiége la cour, énerve les mœurs et empêche que les chevaliers et les écuyers efféminés ne partent pour les expéditions guerrières, de peur de devenir estropiés de quelques-uns de leurs membres. »

Ces plaintes formulées contre la Reine soulevaient contre elle l'opinion du peuple. A ce moment, le pouvoir des ducs de Bourgogne trouvait un rival : la mort avait frappé les deux fils aînés du Roi ; Louis, dauphin, puis, Jean ; Charles, le troisième des enfants, devenait l'héritier direct de la royauté et prenait à son tour le titre de dauphin (1). Charles obtint un moment la direction du Conseil en plaçant toute sa confiance dans la maréchal d'Armagnac : de là, les noms qui furent donnés aux deux grandes factions qui divisaient le pays : les Bour-

(1) Le nom du dauphin paraissait seul dans les actes (*Collect. des lois par de Cruzy*, ann. 1400-1410).

guignons et les Armagnacs ; l'une formée de tous les éléments des passions du peuple et des halles de Paris ; l'autre, qui prenait pour chefs le dauphin et les capitaines des compagnies des gens d'armes, la plupart courageux aventuriers, mais désordonnés, qui avaient toutes les haines du peuple. Dans une mêlée de sédition, les Armagnacs furent massacrés, l'étendard de Bourgogne fut arboré dans les quartiers populaires de Paris et le dauphin, protégé par les capitaines des compagnies, fut enlevé aux vengeances des Bourguignons et vint chercher un asile dans les provinces de la Loire, aux beaux châteaux de la Touraine.

Le roi Charles VI, toujours isolé au vieux Louvre, ne se mêlait que bien rarement aux affaires publiques : ce n'est pas qu'il n'eût des moments lucides et d'une certaine volonté ; il faut même croire que les princes, maîtres du gouvernement, exagéraient la gravité de sa folie pour rester souverains eux-mêmes. Les Bourguignons avaient éloigné de lui tout ce qui pouvait l'éclairer et le diriger : ils affaiblissaient son tempérament de feu par des énervements de toute espèce. Odette n'était plus la seule maîtresse de ses sens; on faisait entrer au Louvre, je le répète, bien des folles filles (1) : on avait rendu le Roi furieux contre sa femme Isabeau de Bavière, que le dauphin avait fait enfermer, à cause, disait-on, de ses débordements, dans une triste tour. Isabeau avait passé des jours bien mauvais ; elle s'en était souvenue ; en même temps qu'elle vouait une vive reconnaissance aux Bourguignons qui l'avaient délivrée, la Reine prenait en dépit et en haine les chefs des grandes compagnies Tanneguy Duchatel, la Hire, Dunois, les successeurs d'Armagnac qui entouraient le dauphin et qui absorbaient ses volontés (2).

Isabeau de Bavière, en s'alliant aux Bourguignons, avait repris un certain ascendant populaire sur les halles de Paris ; elle ne demeurait ni aux Tournelles ni au Louvre, mais en son hôtel de la rue Barbette. Un peu vieillie, elle avait renoncé à son faste pour complaire aux prêcheurs

---

(1) Comparez sur la folie du roi : *Chronique de Saint-Denis*, ad ann. 1417 ; Monstrelet, p. 1, n° 112. — Monstrelet est le plus exact des chroniqueurs ; il est presque un archiviste.

(2) Les savants Secousse et Laboureur ont longuement disserté sur le meurtre du duc de Bourgogne à Montereau ; ils n'ont rien ajouté à ce que disent Philippe de Commines, la *Chronique de Saint-Denis* et Monstrelet. Il a été fait dans un recueil moderne un prétentieux et vide travail sur le lugubre événement qui s'accomplit en 1419, comme une vengeance de la mort du duc d'Orléans.

de paroisse et aux dignes moines des Blancs-Manteaux et des Célestins de la rue Saint-Antoine. Madame Isabeau était désormais l'idole du populaire sous l'épée du duc de Bourgogne, et elle le devint bien plus encore, lorsqu'elle parut dans la rue du Temple un voile noir sur la tête, les cheveux en désordre, au moment où on apprenait une fatale nouvelle : le duc Jean de Bourgogne venait d'être assassiné sur le pont de Montereau.

Quels étaient les coupables ? Les Armagnacs, le dauphin ou ses officiers intimes, on ne pouvait en douter : maintenant que ce fût le dauphin lui-même ou les chefs des grandes compagnies, Tanneguy, le Boutellier, Pierre Frottier, ce crime n'en avait pas moins été commis en quelque sorte sous le sauf-conduit de monseigneur ; il en était donc seul coupable ou responsable. On ne peut exprimer le deuil qui se manifesta dans Paris, lorsqu'on apprit la mort du noble duc, enseveli dans la bierre des pauvres, en l'église de Montereau. Le peuple des métiers, des corporations, très-irrité, était préparé à tout ce qui serait un acte de haine et de violence contre le dauphin.

III

Domination des Anglais en France. — Traité de Troyes.

(1301 — 1414.)

C'était une bien antique lutte que celle de la France et de l'Angleterre, depuis que Philippe-Auguste avait conquis la Normandie et soumis la Guyenne comme grand fief (1). A ces rivalités profondes, était venue se joindre une question successoriale dans le droit féodal d'une très-haute gravité, et qui touchait à ce qu'on appelait la loi salique. Qu'était la loi salique, où était-elle écrite comme texte, quel était le chroniqueur de la première ou seconde race qui en faisait mention ? D'après la loi générale des fiefs, les femmes succédaient

---

(1) Voyez mon *Philippe-Auguste.*

comme les barons eux-mêmes, et au sacre de Philippe le Bel, Mahaut de Flandre avait siégé parmi les pairs, la couronne de comtesse au front (1) : voici dans quelle circonstance il avait été question d'appliquer ce qu'on appelait la loi salique.

Philippe le Bel laissa trois fils : Louis, Philippe, Charles, et une fille, Isabelle, mariée à Édouard II, roi d'Angleterre. Louis, l'aîné, surnommé le Hutin, vécut peu, laissant une fille et la reine enceinte; Philippe, le second fils de Philippe le Bel, prit la régence jusqu'à l'accouchement de la reine, qui eut un fils mort presque aussitôt. Dans cet intervalle, Philippe, dit le Long, se fit sacrer à Reims, les portes de l'église closes (2), puis il vint à Paris, où une assemblée de prélats, de barons et de bourgeois déclara en toute hâte « qu'une femme ne pouvait succéder à la couronne de France (3). » Philippe mourut à son tour ne laissant que des filles. Charles, son frère, lui

---

(1) Le continuateur de Nangis ajoute cependant : *De quo aliqui indignati fuerint.*

(2) 4 janvier 1317.

(3) *Tum etiam declaratum fuit quod in Franciæ regno mulier non succedere.* Guill. Nangis, 1317, *Spicilegium* du père d'Achery.

succéda, et, après lui, le petit-fils de Philippe le Hardi, devenu depuis Philippe de Valois.

Dans cette rapide succession à la couronne, le roi d'Angleterre, Édouard III, secouant le principe de la loi salique, qu'il prétendait une invention et une usurpation, revendiqua la couronne de France du chef de sa mère, le quatrième enfant de Philippe le Bel (1) : preux chevalier d'une vaillance incomparable, Édouard commença la guerre pour soutenir ses prétentions, accompagné de son fils, d'une si grande renommée, depuis le Prince Noir, et avec lui, le captal de Buch, Chandos, Felton et Lancaster. Cette campagne fut fatale à la France. Crécy, Poitiers, champs funèbres où la chevalerie de France fut vaincue par le tir si précis des archers anglais! « Au vrai dire, les archers d'Angleterre fesaient à leurs gens grand avantage, car ils tiraient tant espaissement que les Français ne savaient de quel costé entendre et s'avançaient toujours ces Anglais, et petit à petit gagnaient terre. » Le roi Jean tomba au pouvoir des Anglais, et au milieu des excès de la *Jacquerie* et de la révolte des halles de Paris,

---

(1) On trouve cette prétention tout à fait développée dans un bref adressé par Édouard III à l'évêque de Worcester (*Rymer fœdera*, vol. IV, p. 314).

fut signé le triste traité de Bretigny, véritable partage de la France. Le roi Jean, et pour lui le dauphin (depuis Charles V), reconnaissait la souveraineté absolue de l'Angleterre sur la Guyenne, la Gascogne, le Poitou, la Saintonge, le Limousin, l'Angoumois, Calais et le comté de Ponthieu (1). Il ne restait plus au roi Jean que les débris épars du royaume de France : une couronne brisée sous l'étreinte du léopard.

Aussi bientôt le traité de Bretigny avait-il été secoué comme un joug : Charles, aidé des Bretons sous la glorieuse épée de Duguesclin, avait chassé les Anglais de la Guyenne, du Poitou, de la Normandie. Mais sous les règnes de Richard II et de Henri IV, les rois d'Angleterre, profitant des guerres civiles et de la folie de Charles VI, débarquèrent une fois encore sur le continent : il semblait réservé à Henri V d'accomplir l'œuvre d'Édouard III. Ce roi avec ses Anglais envahit la Normandie, et, en s'avançant sur Calais, il gagna encore la funeste victoire d'Azincourt. Hélas ! toute la fleur de la chevalerie française succomba dans cette triste journée ! Des boisseaux d'éperons

---

(1) Le traité de Bretigny est du 24 octobre 1360; M. de Brequigny, de l'ancienne *Académie des inscriptions*, a parfaitement éclairé cette époque.

d'or, insignes de la chevalerie, furent portés sous la tente de Henri V, si fier de son triomphe qu'il fit au conseil de Charles VI la proposition suivante : On reconnaîtrait le roi d'Angleterre comme roi de France, et, s'il y avait quelques difficultés, sous la réserve de ses droits, il demandait (1) la Normandie, la Touraine, le Maine, la Guyenne avec les hommages de la Bretagne et de la Flandre. Le conseil de France proposait la Guyenne, la Saintonge avec la main de madame Catherine, et une dot de huit cents mille écus d'or (2).

Les négociations étaient ainsi engagées, lorsque le duc de Bourgogne fut frappé à Montereau en présence, sinon par les ordres, du dauphin ; on peut à peine se faire une idée du deuil public que produisit la nouvelle de ce meurtre à Paris spécialement : il se fit, parmi les halles, un soulèvement d'indignation contre le dauphin, qu'on disait l'auteur de cet attentat ; la bourgeoisie, le parlement, l'université s'unirent dans un vœu commun, et la présence de l'héritier du duc de Bourgogne en deuil aida

---

(1) Acte dans Rymer, t. IX, p. 218.

(2) Sur ces négociations, voyez toujours les *Fœdera* de Rymer, t. IX, p. 34, 138, 304 ; rien n'est plus insolent que le style de Henri V à l'égard du dauphin.

même l'opinion de tous pour prononcer solennellement l'*indignité* de celui qui avait frappé le noble Jean sur le pont de Montereau. Les Anglais, maîtres de la Normandie, avaient leurs avant-postes à Pontoise ; le duc de Bourgogne, leur allié, avait déjà reconnu Henri V pour roi légitime de France. Ce fut dans ces circonstances d'indignation politique et de misère générale, que fut signé le traité de Troyes.

Comme fondés de pouvoir de Charles VI, la reine Isabelle de Bavière et le duc de Bourgogne négocièrent ce traité : la première clause était relative au mariage du roi d'Angleterre, Henri V, avec madame Catherine de France (1) ; en conséquence de ce mariage, le trône de France, devait passer dans ses mains en vertu du droit d'héritage de Charles : « en attendant cette époque, le gouvernement serait placé sous le sceptre dudit roi Henri V d'Angleterre, comme si ce droit lui appartenait par une hérédité incontestée, malgré la prétendue loi salique. »

Ce traité de Troyes, si hardi, ne fut pas un acte de volonté isolée, une capricieuse concession d'Isabeau de Bavière : il fut non-seulement

---

(1) Le traité de Troyes est du mois de mai 1420.

applaudi par la multitude des halles de Paris, mais encore proclamé par l'université et approuvé par une forme d'assemblée d'États généraux, déclarant le droit d'Henri V à la couronne de France (1). A Paris, on scella tous les actes du scel du nouveau Roi, Henri V; le duc de Bourgogne lui fit hommage; des ordonnances populaires attirèrent au gouvernement l'affection des masses. Isabeau de Bavière, loin d'être blâmée d'avoir exclu le dauphin, son fils, de la succession au trône, recouvra sa popularité par ce traité de Troyes; elle redevint l'idole des Parisiens comme à ses plus beaux jours : son hôtel fut entouré de joies et de plaisirs, de mascarades réjouissantes. Quand madame Catherine, fille de France, alla rejoindre son époux, le roi d'Angleterre, il y eut partout des festins; quand elle accoucha d'un enfant, il fut traité comme le dauphin, et les corps de métiers écrivirent à Londres pour féliciter le roi Henri V; enfin, à la mort du faible et triste Charles VI, personne dans les provinces du nord de la France, en Normandie, en Flandre,

(1) Rymer, dans ses *Fœdera*, t. X, p. 30, donne tous les actes de la nouvelle royauté de Henri V. On y trouve aussi l'acte du parlement anglais qui accorde son adhésion au traité de Troyes.

en Bourgogne, dans le Parisis, ne protesta contre la proclamation du parlement qui salua Henri V du titre de roi de France. Quand les multitudes ont conçu une forte haine contre un pouvoir qu'elles ont exilé, peu leur importe, dans leurs passions, la nature et le caractère du gouvernement qui le remplace : elles l'acceptent, le proclament et le servent de toute la haine qu'elles portent au pouvoir proscrit.

IV

La cour du dauphin (depuis, Charles VII). —Les grandes compagnies.

(1420—1424.)

Après la violente exécution du pont de Montereau contre Jean-sans-Peur, duc de Bourgogne, la cause du dauphin paraissait tout à fait perdue. Charles s'abritait à Bourges, vieille cité au centre de la France, qui s'était toujours tenue en dehors du mouvement populaire; l'autorité du dauphin ne s'étendait pas au delà d'Amboise et de Chinon, sauf dans quelques villes du midi de la France. Frappé d'exclusion par le traité de Troyes, deshérité par le testament de Charles VI, désavoué par sa mère, proscrit par le parlement de Paris et le vote d'une assemblée d'Etats, le dauphin n'était plus appelé, par dérision, que le Roitelet de Bourges, et, tandis que le peuple de Paris et les trois ordres acclamaient dans Notre-Dame Henri VI roi de France, dix-sept chevaliers tout au plus, groupés autour du dauphin dans le château d'Espally, levaient leur épée pour proclamer roi, Charles, dauphin de France; son scel désormais porta les trois fleurs de lys, tandis qu'Henri VI faisait écarteler de ces mêmes fleurs de lys le blason d'Angleterre (1).

Pauvre et triste cour que celle de Bourges! la misère y était si grande, que le Roi n'y mangeait pas toujours son saoul, même aux jours de festins royaux.

> Un jour que La Hire et Poton (2)
> Le vinrent voir par festoiement,
> N'avait qu'une queue de mouton
> Et deux poulets tant seulement.

Les seules forces militaires de Charles VII consistaient dans les chefs et capitaines des grandes compagnies d'aventuriers et de gens d'armes qui le dominaient absolument; Tannegui du Châtel, de bonne race bretonne, l'ancien prévôt de Paris, qui avait sauvé le

---

(1) Sur la situation de Charles VII à Bourges, comparez le livre intitulé les *Vigiles de Charles VII*, Monstrelet, Froissart, Juvénal des Ursins, 1420, 1424.

(2) Poton de Xaintrailles.

dauphin, puis expédié traîtreusement le duc de Bourgogne à Montereau était un véritable connétable (1) pour le Roi; puis, un autre aventurier, chef de grande compagnie, Etienne Vignole, si connu sous le nom de La Hire (son nom ou sobriquet venait peut-être de la *Ire* (colère), on le voyait en belle enluminure sur les cartes à jouer. La Hire appartenait à la province de Guyenne, et avait été dépouillé de ses fiefs par Henri VI. En représaille, il vouait une haine profonde à l'Anglais; chef d'une grande compagnie de gens d'armes de Gascogne, il avait poussé la guerre avec vigueur; quatorze de ces braves méridionaux mettaient en fuite une compagnie de cent archers du pays de Galles, héroïque exploit qui avait fait grand bruit (2).

Le plus noble ami de Lahire, chef de grande compagnie comme lui, c'était Jean Poton, sei-

---

(1) Tannegui du Châtel avait été contemporain et chambellan du duc d'Orléans, tué dans la rue Barbette; il fut prévôt de Paris, et Charles VII le nomma maréchal de Guyenne en 1420. Les Duchatel d'aujourd'hui, de famille honorable et bourgeoise, n'ont rien de commun avec les Tannegui du Châtel.

(2) Lahire, dont la renommée fut immense, mourut à Montauban en 1442. Il a dans les cartes à jouer le nom de valet de cœur. Le père Ménestrier, un peu systématique, dit qu'il fut l'inventeur des cartes à jouer (*Bibliothèque curieuse du père Ménestrier*).

2.

gneur de Xaintreilles (ou Sainte-Treille), aussi de la fière et hardie race gasconne (1). « Alors, ils firent deux capitaines de deux gentilshommes, Etienne de Vignole, dit Lahire et Poton de Xaintrailles. » La race gasconne fut toujours la même, le courage haut, la langue bien pendue. Ces compagnies intrépides et pillardes portaient l'effroi dans les armées anglaise et bourguignonne.

« Ils n'étaient pour lors que quarante lances, lesquelles n'épargnaient ni leurs corps ni leurs chevaux. C'étaient, pour la plupart, des Gascons qui sont bons chevaucheurs et hardis (2). » Courant de droite et de gauche pour chercher aventures, tantôt en rase campagne, ils se battaient d'estoc et de taille; tantôt renfermés dans des châteaux, ils s'élançaient comme une troupe d'aiglons sur leur proie. Xaintrailles, comme Lahire, avait mérité de voir sa figure enluminée sur les cartes et tarots (3).

Jean Dunois plaisait aussi singulièrement à ces bandes d'aventuriers; bâtard de naissance, fils de Louis de France, duc d'Orléans, frappé à la rue Barbette, il n'avait ni fiefs, ni États, ni

(1) Xaintrailles était simple gentilhomme sans fief.

(2) Froissart et le Moine de Saint-Denis, 1410.

(3) Xaintrailles mourut à Bordeaux en 1461 ; il avait épousé Catherine, dame de Salignac.

terres, et surtout une vive haine contre les Bourguignons; il n'avait pas été le dernier, haut la main, à l'exécution du pont de Montereau, et Valentine de Milan (duchesse d'Orléans) n'avait pas mal jugé de lui, lorsque, après l'assassinat du duc d'Orléans, elle avait réuni ses enfants autour d'elle, sans en excepter le beau bâtard, Valentine avait dit : « Voici, Jean (comte de Dunois), votre frère; je n'ai qu'un regret, c'est qu'il ne soit pas mon fils (1) ; Jean m'a été dérobé; il aurait dû être à moi, car nul n'est mieux taillé que lui pour venger la mort de son père. » Ces belles paroles, religieusement recueillies, avaient porté leur fruit : il y avait dans le cœur de Dunois une immense provision de haine contre les Bourguignons; il en avait donné témoignage au pont de Montereau, en se vengeant sur le duc de Bourgogne.

Ainsi Dunois, Lahire, Xaintrailles, Tannegui, cœurs vaillants, lances à l'épreuve, formaient toute la cour de Charles VII; ils apportaient, certes, avec eux, un magnifique courage, mais peu de ressources; ils n'avaient ni châteaux, ni

---

(1) Jean Dunois, comte d'Orléans et de Longueville, était fils du duc d'Orléans et de Mariette d'Enghien. Il était né le 25 novembre 1402; il s'honorait du titre de bâtard d'Orléans et portait les fleurs de lys.

terres, ni fiefs, ni argent, ni mailles; c'étaient de braves aventuriers qui ne donnaient que leurs bras à la cause qu'ils voulaient servir; mais souvent, en histoire, le succès reste aux aventureux qui, sans calcul, sans routes marquées, jettent leur destinée au hasard, et leur vie sur un coup de dés. On reprochait à Charles VII, parmi les Bourguignons et les Anglais, de se laisser dominer par ces chevaliers errants de la fortune : pouvait-il faire autrement? Tous les grands vassaux étaient contre lui. Le Roitelet de Bourges invoquait donc dame Fortune avec tout ce qu'elle avait de jeunes, d'invincibles et de glorieuses légendes !

V

Les Bretons, les Écossais, les Lombards, auxiliaires de Charles VII.

(1320—1420.)

Jamais, avec cette chevalerie errante, sans fiefs ni deniers, le roi Charles VII n'aurait pu espérer une lutte longue, victorieuse contre les Anglais et les Bourguignons, si des auxiliaires n'étaient venus à son aide avec des forces considérables, des haines nationales et des jalousies profondes contre les adversaires même du roi de France. Ces auxiliaires étaient d'abord les Bretons, qui avaient des répugnances instinctives contre la race saxo-normande.

Ces haines remontaient haut : en vain, l'épée puissante de Charlemagne avait voulu unir les Bretons aux Normands sous un seul comte ou duc, les Bretons avaient frémi sous le joug, et leur fière indépendance s'était réveillée contre la race normande, maîtresse de l'Angleterre; dans toutes les guerres que les rois de France avaient eu à soutenir contre les Anglais et les Gascons (1), l'étendard des ducs de Bretagne s'était placé fièrement à côté du suzerain, marchant en guerre contre les Anglais, et on l'avait vu naguère dans la délivrance du territoire sous Charles V.

La personnification glorieuse de la nationalité bretonne était alors le connétable Bertrand du Guesclin. Dans cette noble et sainte terre de Bretagne, où toutes les grandes histoires se mêlaient aux légendes, on retrouvait l'origine de du Guesclin dans les prophéties de l'enchanteur Merlin et les *Chansons de gestes* de Charlemagne (2). Tant il y a que sa gloire fut grande en Castille, en Gascogne, au pays de France, toujours contre l'Anglais.

> A lui n'était chevalier comparable
> De prouesses son vivant, ce dit-on

---

(1) Voyez mon *Philippe-Auguste*, t. IV. Un des plus fidèles chroniqueurs de ce règne est Guillaume *le Breton*, qui a écrit tout un poëme sur le roi de France.

(2) Les *Chansons de gestes* le disaient descendant d'un roi maure du nom d'Aquin, établi en Bretagne où il avait bâti un château auquel il donna le nom de *Glay*, d'où est venu *Glay Aquin* (du Guesclin).

Ne qui tant fust ni bon ne convenable
Pour gouverner le bon peuple charton
Or il est mort Dieu l'y fasse pardon
Qu'il plust à Dieu qu'il vecust encore
Pour defendre du leopard felon
L'escu d'azur à trois fleurs de lys d'or (1).

C'était une belle guerre de dévouement à la couronne de France qu'avait faite aux Anglais le connétable du Guesclin sous Charles V, d'autant plus vigoureuse, qu'elle était dans la chair et le sang du Breton. Il n'y avait pas un siècle encore que les châteaux de France retentissaient du glorieux combat de trente chevaliers bretons contre pareil nombre de chevaliers anglais : un vieux manuscrit conservé à la Bibliothèque impériale donne la description de cette belle lice.

Seigneur, or faisons paix, clers et barons,
Bannerets, chevaliers, bacheliers et trestous nobles hommes,
Evesques, abbés et gens religieux
Heraults et menestrels et vous bons compagnons
Gentilshommes et bourgeois de toutes les nations
Ecoutez ces roumans que dire nous voulons.

(1) Mss. 7595, Biblioth. impériale. On trouve encore ces vers qui décrivent les armoiries de du Guesclin :

L'ecu d'argent a un aigle de sable
A deux tetes et un rouge baton
Portant le preux, le vaillant conetable
Qui de Bertrand Guesclin avait le nom.

L'histoire en est vrai et les dire en sont bons
Comment trente Anglais hardis comme lyons
Combattirent en un jour contre trente Bretons (1).

Ce fut donc une véritable bataille d'Anglais et de Bretons, dont le succès fut pour l'hermine de Bretagne, et parmi les chevaliers dont le nom a été conservé aux archives de gloire, se trouvaient Roger de Beaumanoir, qui portait d'azur et onze billètes d'argent ; le sire de Tintiniac, d'hermine à un croissant de gueule ; Guy de Rochefort, contrevaire d'or et d'azur ; Henri de Saint-Yvon, d'argent à la croix de sable, de gueule brochant sur le tout ; Guillaume de Montauban, de gueule à neuf maillets d'or, au lambel d'argent ; Alain de Keravrai, vaire d'argent et de gueule ; Louis de Goyon, d'argent au lyon de gueule, Jean de Serent, d'or à quinte, facé de sable ; Geoffroi de la Marche, de gueule au chef d'argent.

Les Anglais se battirent avec grand courage dans ce combat des trente, et parmi les plus braves chevaliers race saxo-normande on pouvait citer Robert Bembrouck, Robert Knek, Rupefort Hennequin, le maréchal Hugues (le

---

(1) Mss. Biblioth. impériale, fond Bigot 328 ; Biblioth., n° 7595... 2.

Gaillard), Perrot de Gannellon, Helichson (le Musard), Isambeau, Echar, John Roussel ou Russel, Guillemain de Mainhaute ; et entre les vaillants hommes d'Angleterre et de Bretagne, le combat fut rude, long, sanglant comme la haine nationale qu'ils se portaient. Cette haine restait vivace, et par sa force même, les Bretons devenaient les auxiliaires de Charles VII, le roi proscrit, dès que les Anglais étaient maîtres de la couronne de France. Il ne s'agissait que de faire quelques concessions de fiefs, baronnies et dignités féodales aux Bretons, et de placer la connétablie de France dans les mains de leur vaillant duc.

L'autre race, profondément ennemie des Anglais, les montagnards de l'Ecosse, avait combattu Henri V sur le sol même de l'Angleterre, et quand la régence d'Ecosse, après le règne de Jacques Ier, vit croître et se développer le pouvoir de Henri V en France et la couronne transmise à son successeur, les Ecossais n'hésitèrent pas à offrir leur appui à Charles VII, ce prince que les Anglais appelaient dédaigneusement le Roitelet de Bourges : six mille braves Ecossais vinrent donc joindre les aventuriers de France ; leur chef était le comte de Douglas, d'une illustre famille, à qui le roi Charles VII donna le duché de Touraine (1), et parmi les chefs des braves Ecossais, se trouvait aussi Stewart de Darnley, qui devint si célèbre, et à qui Charles VII donna la terre d'Aubigny (2). Il fallait s'assurer de dignes serviteurs dans les batailles qui allaient s'engager contre l'Angleterre, maîtresse de Paris et de tout le nord de la France ; le roi Charles VII donnait tout ce qu'il pouvait, jusqu'à ses derniers fiefs, aux Ecossais. Dès qu'il y eut des gardes écossaises en France, chaque année on vit partir des hautes montagnes, une troupe de ces braves compagnons pour prendre du service auprès du roi (3) ; ils y trouvaient des parents, des amis, des protecteurs, des terres et fiefs ; là fut l'origine de la compagnie des gardes écossaises dans la maison du roi de France. Mais un secours inespéré vint aussi au Roi du côté de l'Italie : Jacobo Sforza, chef de *condottieri*, s'était emparé du duché de Milan (4) et des principales cités

(1) Douglas fut créé lieutenant général au fait des guerres, dignité supérieure à celle de connétable, 1421.

(2) La terre était restée dans la famille.

(3) Coutume qui se conserva même sous Louis XI, d'où Walter Scott a tiré son *Quentin Durward*.

(4) Ce fut le premier des Sforzes qui eut pour surnom *Attendolo* ; il était né dans la condition la plus obscure en 1369.

de la Lombardie ; son pouvoir établi, reconnu par Charles V, il avait pu disposer de ses bandes, composées d'hommes forts, habitués à la guerre, et c'était une de ces grandes compagnies de condottieri, que Ludovic Sforza, fils de Jacobo, envoyait à Charles VII.

Ainsi les forces du Roi de Bourges se composaient de plusieurs éléments : 1° les chefs des gens d'armes gascons, tourangeaux, vaillantes épées, mais qui ne pouvaient triompher seules ; 2° les Bretons, profondément haineux contre les Anglais, brave troupe aussi, mais têtue, exigeante dans les concessions que le Roi devait lui faire ; 3° les Ecossais et les Lombards, qu'il fallait solder en écus ou en terre, quand le Roi avait à peine quelques provinces à lui, et encore incertaines dans leur obéissance, à l'exception du Dauphiné, qui se montrait facile en levée d'impôts (fidèle domaine de la couronne de France). Entre ces trois forces hostiles les unes aux autres, à qui serait la connétablie ? Le connétable, le chef de guerre serait-il choisi parmi les gens d'armes, les Bretons ou les Ecossais dans les expéditions qu'on allait entreprendre contre l'Anglais ?

VI.

La cour de Bourges et de Chinon. — Alliance de Charles VII et de la maison d'Anjou.—Arrivée d'Agnès Sorel.

(1420—1427.)

Charles VII, alors qu'il était encore dauphin de France, avait épousé Marie d'Anjou, de cette illustre maison, qui écartelait de Provence, de Naples et de Sicile (1). Marie avait eu pour père Louis II, duc d'Anjou, et pour mère Yolande, fille du roi de Bretagne ; son frère le plus chéri était ce René d'Anjou, si malheureux d'abord, cœur excellent, poëte, bon musicien, enlumineur d'images, dont la Provence a gardé longue mémoire. Les comtes d'Anjou étaient les derniers princes de cette race de trouvères et de

(1) Louis II d'Anjou était roi de Naples et de Sicile.

troubadours dont les chansons, comme celle de Pétrarque, formèrent la couronne épique du moyen-âge. Une sœur de Marie d'Anjou avait épousé François de Montfort, duc de Bretagne, et René lui-même se fiançait à l'héritière de la maison des ducs de Lorraine. Il était impossible de trouver une plus grande alliance que celle de la maison d'Anjou ; la Reine Marie devait donc puissamment servir le pacte d'alliance de Charles VII avec les grands féodaux, et ainsi aider à sa restauration.

A cette situation si élevée, la jeune Reine unissait un caractère d'activité féconde, un amour infini, dévoué, pour le jeune Roi auquel elle venait de donner un beau dauphin (depuis Louis XI) ; nul caractère n'était plus soumis et plus résigné. Jamais une plainte contre Charles VII : « C'est mon seigneur, aimait-elle à dire ; il a droit sur toutes mes actions et moi sur aucune. » Pourtant le roi alors était malheureux, abandonné de tous, et la reine, Marie d'Anjou, lui apportait l'appui des Tourangeaux, les alliances de Bretagne et de Lorraine, tout le pays du Midi ; active, intelligente, la Reine s'était faite la négociatrice auprès de ses parents, de ses alliés, contre la domination anglaise, qu'elle détestait comme bonne Angevine.

La suite de la Reine, selon l'usage de la lignée d'Anjou, était une véritable cour de chevalerie : on y était incessamment occupé de tournois, de controverses d'amour ; il y avait un reflet de ces fêtes que René d'Anjou, comte de Provence, inventa plus tard pour la ville d'Aix. La femme de René, Isabeau de Lorraine n'était pas la moins belle et la moins avenante; elle avait conduit parmi ses filles d'honneur une jeune damoiselle du nom d'Agnès ; son nom de race différait de désinence selon la diversité des idiomes parlés dans l'Anjou, l'Orléanais ou la Bourgogne ; les uns donc disaient Soreau, les autres Sorel ou même Soret. Le nom réel était Soreau, car elle était fille de Jean Soreau, seigneur de Codun, écuyer du comte de Clermont et de Catherine de Meignelai (1), de race noble et tourangine. Agnès était entrée toute jeune au service de madame Isabeau d'Anjou-Lorraine, qui l'avait prise en grande affection : « et l'avait norrie, la Royne de Sicile, dès sa jeunesse et si fort l'aimait qu'elle lui avait donné plusieurs biens meubles et héritage (2). »

Tel est le premier récit sur l'origine d'Agnès

---

(1) Agnès était née en 1409 au village de Fromenteau, en Touraine.

(2) Jean Chartier.

Sorel. D'après le rapprochement des dates et des faits, on peut placer l'époque de la naissance d'Agnès de 1409 à 1410 ; elle avait donc, lorsqu'elle suivit la Reine de Sicile à la cour de Bourges, de seize à dix-sept ans (1). C'était du temps de la captivité du bon René d'Anjou aux mains du duc de Bourgogne, quand il peignait sur verre les portraits enluminés des ducs Jean et Philippe. Les traits d'Agnès nous ont été aussi très-imparfaitement conservés, on peut juger néanmoins qu'elle avait le front haut et pur (2), les yeux vifs et bleus, surmontés de longs cils et de langoureuses paupières; le nez d'une grande perfection; la bouche mignonne ; le cou, les épaules, le sein d'une forme et d'une blancheur incomparable.

Agnès, la belle Agnès deviendra le surnom
Tant que de la beauté, beauté sera le nom.

Et avec cette beauté, le plus gentil esprit du monde, « et sa parole était si au-dessus de celle des autres femmes, qu'elle était regardée comme un prodige. » Il est impossible de préciser la date du commencement des amours

---

(1) Elle était alors appelée la damoiselle de Fromenteau.

(2) Collect. des portraits, estampes (Biblioth. imp.). Il existe encore un buste d'Agnès Sorel.

du roi pour Agnès Sorel : leurs entrevues restaient un mystère comme dans les romans de la chevalerie. On montrait encore naguère dans les ruines du château Chinon les voûtes souterraines qui prêtaient leurs ombres à ces entrevues de nuit (1).

Quelle fut l'influence d'Agnès Sorel sur les destinées de Charles VII, et quelle part prit-elle à la délivrance de la France? La tradition est glorieuse sur ce point, et nous examinerons plus tard sa vérité. Tant il y a qu'à aucune époque la situation de Charles VII ne fut plus abaissée qu'au moment où parut Agnès Sorel : à toutes les batailles, les grandes compagnies étaient brisées, les villes prises; les Écossais eux-mêmes, si braves qu'ils fussent, venaient d'être dispersés à la bataille de Verneuil; les dignes montagnards s'étaient vaillamment comportés, mais la chevalerie de France et d'Écosse avait laissé ses éperons sur le champ de bataille, nouveau désastre qui pouvait être comparé à ceux de Poitiers et d'Azincourt. La Loire était franchie par les Anglais, sous le duc de Bedford, régent du royaume pour Henri VI (2).

(1) Je crois cette description très-hasardée.
(2) Les Anglais avaient pour chefs de guerre des hommes très-remarquables : Warwick, Salisbury, Talbot.

3.

Quelle était la cause réelle de cette supériorité des archers anglais sur la chevalerie de France ? Il fallait que cette cause fût générale pour qu'elle produisît toujours les mêmes résultats. D'abord une erreur serait de croire que les troupes constamment victorieuses furent toutes anglaises (1) ; les plus beaux fleurons de la couronne d'Angleterre étaient alors les fiefs de Guyenne, l'arrière-fief de Gascogne : le roi d'Angleterre avait donc sous sa bannière les Gascons, les Normands, les Flamands, hommes agiles et robustes, dont les lances marchaient épaisses au combat. Il y avait parmi eux une discipline sévère ; les montagnards de Gascogne étaient d'habiles tireurs d'arcs et d'arbalètes, ils manquaient rarement leur homme. Les Anglais avaient des armures mieux forgées, leur fer et leur acier étaient plus fins, leurs cuirasses, leurs brassards, leurs cuissards s'adaptaient parfaitement aux membres par des ressorts d'une grande justesse, qui, tout en préservant l'homme, lui laissaient la liberté de ses mouvements. Les villes flamandes leur fournissaient des masses d'armes, de longues épées,

---

(1) Les troupes anglaises étaient très-largement payées ; chaque homme d'armes recevait un schelling, chaque archer six pences (Rymer, t. X, p. 392).

des pieux fort aigus, des arbalètes d'un tir si précis que rarement elles manquaient leur but; elles étaient si petites qu'on pouvait les garantir de la pluie sous un mantelet. Leur ordre de bataille était plus serré et précis; si les archers gascons sautillaient tout autour de la chevalerie, les épais carrés de lances normandes (1), de Northumberland, du pays de Galles résistaient aux charges un peu désordonnées de la gendarmerie française, de telle sorte qu'une fois désarçonnés, les gendarmes ne pouvaient plus que difficilement remonter sur leurs chevaux caparaçonnés comme les hommes de fer. On aurait dit autant de tours féodales, fortes debout, ruines à terre. Il paraît aussi que, plus avancés dans l'art des artifices et de l'artillerie, les Anglais gardaient une supériorité dans le maniement des couleuvrines en fonte nouvellement inventées qui vomissaient des grosses pierres rondes à une grande distance. Ces avantages divers expliquent les triomphes presque constants des Anglais depuis le Prince Noir. Hélas! la cause de Charles VII semblait désespérée!

(1) Monstrelet disserte assez longuement sur les causes des succès des Anglais, p. 1, fol. 303.

VII

Légende de la pucelle de Vaucouleurs.
(1410—1429.)

Au milieu de ces courses désordonnées des bandes royales de Charles VII, lorsqu'on délibérait même sous la tente si l'on ne se retirerait pas dans le Dauphiné, pour ne plus défendre une cause désespérée, tout à coup se répandit le bruit qu'une jeune fille venait d'arriver à Chinon, pour parler au roi Charles VII; elle avait eu, disait-on, des révélations divines; elle annonçait qu'elle était destinée à faire lever par les Anglais le siège d'Orléans, puis à conduire le gentil roi à l'église de Saint-Rémi de Rheims (1).

(1) Jeanne arriva à Chinon le 24 février 1429. (Lisez les belles dissertations de M. de Laverdi sur l'histoire de la Pucelle.)

Pour expliquer comment cette légende se répandit avec une rapidité si grande et produisit un si puissant effet, il faut examiner d'abord de quels éléments se composait l'armée de Charles VII. Les chevaliers errants, capitaines des grandes compagnies, avaient tous des imaginations ardentes, actives, éprises des romans de chevalerie, d'histoires légendaires; les Ecossais, encore plus épiques et romanesques, peuplaient les montagnes et les lacs d'Ecosse de sylphes, d'apparitions de dames blanches, gardiennes des vieux manoirs; les légendes des Bretons, ces autres vaillants auxiliaires de Charles VII, racontaient dans leurs landes, leurs bruyères, leurs rochers, l'apparition de fées et d'enchanteurs : Morgane si bienfaisante, Merlin, vieux druide ou magicien (1) d'Ecosse dont les prophéties retentissaient partout, et dans lesquelles on lisait « que la France serait délivrée par une vierge guerrière. »

Il n'était donc pas étonnant que l'arrivée su-

---

(1) **Merlin était né en Calédonie (Écosse) dans le cinquième siècle** : les uns attribuaient ses prophéties à une vertu divine, les autres à un commerce avec le démon. Au reste, le rôle de Merlin dans les populaires *romans de la Table-Ronde* est considérable : ses prophéties ont été traduites dans toutes les langues. Les bibliophiles recherchent la rare édition en trois petits in-fol. gothique (Paris, 1498).

bite d'une jeune fille armée, dans le camp de Charles VII, avec une mission providentielle, n'exaltât au plus haut point l'enthousiasme des capitaines et des soldats. Sur une vieille tapisserie découverte à Lucerne, on voit trois ou quatre chevaliers pesamment armés, que reçoit Charles VII sur son trône, et parmi lesquels on ne distinguerait certes pas une femme, si une légende en allemand ne disait ceci : « Comment vint la jeune femme envoyée de Dieu au dauphin sur la terre (1). » Quelle était donc cette fille dont le nom retentissait déjà? Elle s'appelait Jehanne, nom lorrain par excellence; elle était née au village de Domremy (domus Remensis), entre Neufchâteau et Vaucouleurs. Ses parents étaient de braves laboureurs, vivant du travail de leurs mains ; son père s'appelait Jacques d'Arc (ou l'archer) ; il avait obtenu du ciel cinq enfants, trois garçons et deux filles. La Lorraine était dans le domaine de René, roi de Sicile, par son mariage avec Isabeau; mais telle était la puissance des Bourguignons et des Anglais alors, qu'ils étaient maîtres d'une grande partie du territoire, qu'on se battait de hameaux

---

(1) Vie Kunt die Jock frow von got gesant dem Delfin in sint land. — Cette tapisserie, très-informe, a été achetée par le marquis d'Azéglio, ministre de Sardaigne à Londres.

à hameaux. A côté de Domremy était le village de Marié, qui tenait pour les Anglais, tandis que Vaucouleurs se dessinait pour René et la cause de Charles VII, de sorte qu'il y avait déjà lutte à coups de pierres et de fronde entre les deux villages (1).

La Lorraine, pays de forêts épaisses et de rochers druidiques, aimait aussi les légendes ; il y avait des sources sacrées, des bois mystérieux ; les Lorrains écoutaient les longs récits, les histoires fabuleuses. Le paganisme avait laissé des traces profondes dans les Gaules ; à Domremy était encore l'arbre des fées ou des nymphes, que les jeunes garçons et les jeunes filles ornaient de fleurs dans les fêtes du mois de mai ; le christianisme avait placé sous ces frais ombrages l'image de la sainte Vierge (Notre-Dame de Domremy), à laquelle Jehanne avait voué un culte profond, ainsi qu'à ses deux patronnes, saintes Catherine et Marguerite. Selon les habitudes de la fière race des femmes lorraines, Jehanne montait rudement les chevaux aux larges encolures. Quelques chroniques plus simples disent seulement qu'elle ne

---

(1) Le plus curieux travail sur la Pucelle d'Orléans (néanmoins peu consulté) est celui qu'on trouve dans le tome III, *Notices et extraits des manuscrits de la Bibliothèque du roi.*

savait que filer le lin et tisser la toile, afin d'ajouter sans doute au merveilleux céleste de sa mission.

Il n'était bruit, dans toutes les terres de la Lorraine, que du siége d'Orléans par les Anglais, que conduisaient les chefs de guerre les plus glorieux et les plus fermes (1) : Salisbury, Suffolck, Gladesdalle, Rochefort, Talbot ; on savait qu'à Orléans se décidaient les destinées de la cause de Charles VII ; cette grande cité fortifiée une fois prise, les Anglais pouvaient se répandre au delà de la Loire ; Tours, Chinon, Bourges même, ne pouvaient résister, et la cause des fleurs de lys était perdue. Aussi les dernières épées de la chevalerie s'étaient groupées autour d'Orléans : Guillaume d'Albret, Jacques de Chabannes, Lahire, Xaintrailles, Dunois et les gardes écossaises, que conduisaient les fiers chefs des montagnards, Stewart et Douglas ; tous sauraient mourir pour seconder l'héroïsme des citoyens d'Orléans, qui défendaient leur ville en glorieux désespérés.

Le capitaine Baudricourt commandait pour

(1) Consultez sur le siége d'Orléans par les Anglais la *Chronique de Monstrelet* en la comparant avec le chroniqueur anglais Holinsched et Jean Chartier : il y a aussi un journal du siége d'Orléans et la Pucelle a sa chronique spéciale.

la duchesse de Bar (la sœur de la reine, femme de Charles VII) la partie de la Lorraine restée fidèle à ses ducs. Devant ce brave chef, se présenta la jeune fille Jehanne, pour demander licence d'aller en la ville de Chinon, parce que la sainte Vierge, sainte Catherine et sainte Marguerite lui avaient révélé qu'elle était destinée à délivrer Orléans et à conduire le roi Charles, sous la bannière fleurdelysée, jusqu'en la cathédrale de Rheims, pour le faire sacrer roi de France. *La chronique de la Pucelle* (1) raconte les apparitions, les miracles qui constataient la mission de Jeanne d'Arc ; l'Eglise n'a point admis cette sainteté particulière, et on ne peut suppléer à cette absence d'authenticité dans les miracles ; il y a dans tout ce merveilleux un mélange de prédictions de Merlin et de miracles du ciel qui doit faire croire que la chronique de la Pucelle fut ornée, comme les légendes du *Juif-Errant*, de *Geneviève de Brabant*, qui étaient chantées sous la tente et aux castels du moyen âge (1). La seule chose que l'histoire sérieuse puisse admettre, c'est qu'à tout prix, il fallait réveiller le courage des hommes d'armes; or,

(1) Il existe une chronique légendaire de la *Pucelle*, plusieurs fois imprimée. Voyez l'édition de Godefroy (*Hist. de Charles VII*, édition de 1611).

une jeune fille qui apparaissait à cheval comme une envoyée du ciel, à la tête de compagnies de gens d'armes, précédée d'un pieux étendard, avec le caractère d'une sainteté particulière, devait réveiller l'énergie des soudards, créer des espérances et multiplier leur héroïsme. Il serait impossible de nier les merveilleux exploits de la Pucelle, le nouvel esprit de discipline qu'elle inspira à l'armée de Charles VII ; mais la véritable gloire (1) de la défense d'Orléans appartient aux bourgeois de la cité, qui se défendirent avec une énergie que leur inspirait la haine de l'Anglais ; Jeanne d'Arc ne fut que l'étendard qui dirigea les grandes actions de la chevalerie ; elle transforma la guerre en une croisade ; elle imprima une sainteté particulière au courage. Ce qu'elle avait prédit au sire de Baudricourt s'accomplit : le siége d'Orléans fut levé par les Anglais ; elle mena le roi à Rheims, où il fut sacré presque sans pompe et sans barons. Jeanne échoua devant Paris, où vaillamment elle combattit du haut de la butte des Moulins ; blessée, entourée par la foule des

---

(1) On a trouvé dans la *Maison-de-Ville*, à Orléans, un manuscrit vélin sous le titre : *Discours au vrai du siége qui fut mis devant Orléans*. C'est le plus curieux travail sur la belle défense des habitants.

hommes d'armes, elle tomba au pouvoir des Anglais devant Compiègne (1). Et ici se termina sa mission et son influence sur la cause et les événements du règne de Charles VII ; dans la courte période de huit mois, se passèrent tous les glorieux épisodes de la vie de Jeanne d'Arc ; sauf la levée du siége d'Orléans, il n'y eut aucun combat décisif qui put assurer la suprématie de Charles VII ; les Anglais restèrent maîtres des champs de guerre. La légende de Jeanne fut une lueur qui passa bien vite sur notre histoire.

Cet épisode produisit sur les Anglais un effet particulier de crainte ; ce que le camp français attibuait à une inspiration, à une sainteté providentielle, les Anglais l'avaient cherché dans la sorcellerie ; l'Angleterre était le pays des sombres féeries, des incantations ; les succès passagers de la chevalerie de Charles VII, sous l'étendard de la Pucelle, avaient aigri profondément les soudards et les archers du pays de Galles (2), les chevaliers saxons et normands ; Jehanne ne fut pas considérée comme une simple prisonnière que le sort des armes avait

---

(1) Au mois de janvier 1430 ; Jeanne d'Arc avait combattu héroïquement.

(2) Le duc de Bedford fit chanter un *Te-Deum* pour la prise de la Pucelle (Monstrelet, t. VIII).

fait tomber dans leurs mains, mais comme une sorcière armée qui souvent avait été sans merci pour les archers anglais tombés dans ses mains. Il se fit donc un cri général contre la Pucelle d'Orléans dans l'armée anglaise et comme une expression de haines sauvages, son procès dut être ordonné pour satisfaire les clameurs du camp, et répondre à ce cri : « Il nous faut la sorcière. » Les pièces de ce procès existent encore ; l'érudition patiente et critique a recherché le caractère de cette procédure ; on l'a présentée pour ainsi dire comme une œuvre de l'Inquisition, un reproche éternel à l'Eglise ; on a fait un étalage de cardinaux, d'évêques, de moines dans les tableaux et les gravures des écoles modernes. Il est temps de rendre à ce procès son caractère vrai, celui d'une vengeance de la soldatesque anglaise agissant avec toute l'énergie d'une réaction de camp, après que le comte de Vaudemont eut remis la Pucelle dans les mains du duc de Bedford.

Suivons un à un tous les faits de ce procès. La première requête, qui demanda que Jeanne fût poursuivie, vint de l'université de Paris. (L'inquisition n'existait point en France (1)). La

---

(1) Saint Louis n'avait pas voulu admettre l'inquisition ni la présence d'un grand inquisiteur. Avant lui, Philippe-Au-

demande fut adressée au duc de Bourgogne, afin que Jeanne fût livrée aux Anglais. Dès qu'elle eut été conduite à Rouen et emprisonnée, par les ordres du comte de Warwick, une commission de soixante assesseurs anglo-normands (sorte de jury) fut nommée, sous la présidence de Jean Conchon, ancien maître des requêtes au parlement de Paris, et que le duc de Bedford avait élevé à l'évêché de Beauvais.

Auprès de cette commission, il fut nommé un *enquesteur* (ministère public), et c'est ce nom d'*enquesteur* qui a fait croire que l'inquisition était intervenue : l'inquisition avait d'autres formes de procédure ; elle n'avait pas d'assesseurs, pas de conseil, elle prononçait souverainement sur l'hérésie et secrètement, sauf ensuite à livrer l'accusé au bras séculier (1).

Jeanne subit six interrogatoires publics. On fit faire d'abord des enquêtes dans la Lorraine ; toutes furent assez favorables à l'accusée ; seulement on constatait son habitude de porter des habits d'hommes et de parler hautement de ses visions célestes. A plusieurs reprises, les

---

guste avait repoussé cette prétention, excepté pour la répression des Albigeois.

(1) Les pièces du procès de la Pucelle ont été recueillies et se trouvent à la Bibliothèque impériale.

assesseurs invitèrent Jeanne à ne plus porter ces vêtements, qui n'étaient pas ceux de son sexe et à renoncer à se croire inspirée. Jeanne persista dans ses habitudes.

Le jugement prononcé par les assesseurs contre Jeanne d'Arc existe encore (1). L'évêque de Beauvais, qui les présidait, déclara « que Jeanne, persistant dans son péché, serait renfermée et soumise à la pénitence du pain et de l'eau. » Il n'y eut pas arrêt de mort. Aussi dès que cette sentence fut connue, un cri d'indignation s'éleva dans l'armée anglaise. Le comte de Warwick s'écria, plein de colère : « L'affaire va mal, puisque Jeanne nous échappe. » Les assesseurs déclarèrent « qu'ils ne pouvaient faire autre chose. » Le comte de Warwick déclara que désormais le procès regardait la justice séculière (celle des camps). Les soldats anglais demandaient sa mort. Et Jeanne d'Arc s'écria : « Si, comme je le demandais, j'eusse été gardée par les gens d'Église, et non par mes ennemis, il ne me serait pas si cruellement arrivé (2). » L'évêque de Beauvais (celui qu'on

---

(1) Tiré du procès de Jeanne d'Arc (Bibliothèque impériale).

(2) Ces paroles textuelles sont curieuses dans la bouche de Jeanne d'Arc.

représente si dur) dit à Jeanne : « Va en paix, l'Église ne peut plus te défendre et t'abandonne aux mains séculières. » Ces mains séculières, celles des soldats, livrèrent Jeanne d'Arc au supplice. Les soudards et archers anglais, impatients de ce supplice, s'écriaient : « Allons donc, prêtres, dépêchez-vous; voulez-vous nous faire dîner demain? Livrez-nous-la sur-le-champ, et ce sera bientôt fini. » Cette haine suivit Jeanne jusqu'au lieu de son supplice. Les soudards anglais y assistèrent en ricanant ; tout y fut soldatesque; s'il y eut quelques religieux autour du bûcher, c'est que, d'après les formules générales de l'Église, les patients devaient être assistés dans leurs dernières douleurs ; le religieux qui éleva la croix jusqu'à Jeanne pour qu'elle baisât le Christ, ne le fit pas par dérision, mais par devoir afin d'assister cette âme en peine. S'il y eut un bûcher élevé, c'est que les Anglais traitèrent Jeanne en sorcière; c'était toujours sous cette forme sombre et presque infernale que les Anglais interprétèrent les prodiges, témoin la légende de *Macbeth* que Shakspeare, un siècle plus tard, illumina de son génie (1).

(1) J'ai recueilli tous ces faits dans le procès de la Pucelle, en y comparant Monstrelet, liv. III, chap. 4, et la chronique an-

Dans cette poursuite fatale et solennelle, les capitaines anglais mirent un acharnement qui tenait non-seulement à leur caractère vindicatif, mais encore à leur situation militaire : il fallait réchauffer l'esprit du soldat, profondément abattu par les succès de Jeanne d'Arc ; il fallait constater que ces victoires passagères avaient une cause magique qui devait disparaître dès que les cendres de la sorcière seraient jetées au vent ; les armées sont comme les multitudes, au dernier point impressionnables, un phénomène les entraîne ou les décourage. Si les Anglais avaient cru aux miracles de Jeanne, ils y auraient vu la main de Dieu, leur cœur se serait découragé. Le sort jeté par la sorcière devait, selon eux, cesser d'avoir son effet sur l'armée, le jour qu'elle monterait sur le bûcher.

glaise d'Holinsched. Les pièces sur la Pucelle sont renfermées dans une belle collection de trente volumes manuscrits de la Bibliothèque impériale.

VII

Actes du gouvernement anglais à Paris. Avénement de Henri VI.

(1424—1430.)

La tendance de la bourgeoisie, après les grands troubles civils, est d'accepter tout gouvernement qui la protége ou qui flatte son orgueil, surtout lorsqu'elle est fortement compromise envers un pouvoir qu'elle a renversé. Ce qu'elle craint, je l'ai dit, c'est de voir revenir ce vieux pouvoir avec ses représailles, et pour l'éviter, elle acclamerait tout, même la violence. C'est ce qui explique la force, la durée et même la popularité incontestée de la régence de Henri V d'Angleterre à Paris. Henri était d'ailleurs appuyé sur la faction bourguignonne, qui embrassait le peuple des halles, les corporations; il avait pour lui la reine Isabeau de Bavière, une des grandes popularités de Paris. D'un âge déjà avancé, la Reine conservait tous les goûts de plaisirs, de pompes et de fêtes : à son hôtel de la rue Barbette, il y avait comédie, ballets, mascarades et même cour d'amour pour juger les chevaliers félons envers leurs dames et requérant amoureux merci.

Le roi d'Angleterre avait confié son autorité suprême, à Paris et dans le royaume de France, à son frère, le duc de Bedford (1), un des esprits les plus capables et qui plaisait singulièrement au peuple. Le commerce, par ses rapports avec l'Angleterre, allait au mieux : les boutiques de marchands ne désemplissaient pas d'étrangers. Très-enclin pour le clergé, le duc de Bedford faisait commencer, au milieu des halles, la magnifique église de Saint-Eustache, d'une architecture anglo-normande. L'un de ses lords, le duc de Winchester, fortifia un château près de la Bièvre et de la Marne, qui prit son nom de Winchester (depuis Bicêtre). Et pour faciliter le débarquement des marchandises, le duc de Bedford fit construire un port auquel resta

(1) Jean Plantagenet, duc de Bedford, troisième fils de Henri IV, roi d'Angleterre, un des chefs les plus distingués de l'armée anglaise.

longtemps le nom de *port aux Anglais*. Tout était au mieux à Paris, et l'obéissance était acquise : parlement, clergé, prévôt des marchands, tous étaient dévoués au régent avec une fidélité un peu étrange.

L'avénement de Henri VI comme roi de France s'accomplit à la mort du roi Charles VI, le pauvre insensé, et tout fut légal dans cette transmission de la couronne. On lit dans les registres du parlement de Paris : « Ce jeudi, 19ᵉ jour de novembre (1422), vindrent et furent assemblés en la chambre du parlement, les président et conseillers et l'évesque de Paris, les chiefs et desputés des chapitres, monastères, colléges, les prévosts de Paris et des marchands, échevins, advocats et les procureurs de céant du Chastelet, et aussi plusieurs bourgeois, manants et habitants de la ville de Paris ; ly survint le duc de Bedford, frère du régent et naguère trespassé, lequel dict duc de Bedford s'assit seul et au haut du siége de la dicte cour du parlement, lequel a dict que du mariage du dit feu roi d'Angleterre et d'une fille de France était né un beau fils, nommé Henri (1), roi

(1) Henri n'avait alors que neuf mois : le duc de Glocester prit la régence en l'absence du duc de Bedford, alors en France (*Rot parlem.* IV, 170).

de France et d'Angleterre, et par le dict traité de Troyes, devant être proclamé roi de France et d'Angleterre, et que le dict duc de Bedford avait l'intention d'employer pour son neveu, corps, asme et chevauchée pour le bien de ce royaume et maintenir les sujets d'icelui en bonne justice et en bonne paix, et que le dict régent avait l'intention de faire revenir le duché de Normandie à la couronne de France..... Et lors fit venir les dicts assistants jurer en ses mains et aux mains du chancelier qui tenait un missel et fesant chacun jurer d'entretenir le dict traité de paix sous l'obéissance du dict Henri, roi de France et d'Angleterre, et du dict régent, et en chargea le chancellier au recteur et députés pour faire jurer les habitants de la ville, quartier par quartier, à l'hôtel-de-ville, etc. (1). »

Les formes légales étaient parfaitement observées, et rien ne manquait à l'acte de reconnaissance de Henri VI, roi de France et d'Angleterre. La multitude souhaitait la présence du jeune roi Henri VI à Paris; il faut lire quelles étaient les supplications des Parisiens

---

(1) Cet acte étrange et curieux a été conservé aux registres du parlement, 19 novembre 1422. Il est également rapporté dans le *Mémoire des pairs*, p. 710.

avides de voir le petit roi d'Angleterre et de France prendre possession de son royaume et de sa bonne ville de Paris; il en était question à chaque assemblée d'hôtel-de-ville. Avec douleur, on apprenait les obstacles que le parlement d'Angleterre mettait à ce voyage : les lords et les communes avaient le pressentiment que si leur roi s'établissait à Paris, il y aurait nécessairement une modification dans la royauté, et que les trois fleurs de lis seraient placées sur le fond de l'écu, tandis que le léopard d'Angleterre ne serait plus qu'un écartellement du blason (1). Les communes refusaient donc les subsides pour donner au voyage du jeune roi la splendeur nécessaire dans une aussi grande solennité que la prise de possession d'un royaume.

Les Parisiens soupiraient donc après leur jeune roi, quoique la régence du duc de Bedford fût pleine de sollicitude et d'intelligence. Prince travailleur, le régent concédait aux métiers, aux corporations des priviléges considérables et une organisation nouvelle : on trouve dans les archives de France plusieurs ordonnances du duc de Bedford, régent du royaume,

---

(1) *Rot parlem.* IV, 175.

conservées comme celles des rois; l'une confirme tous les magistrats, officiers, notaires dans leurs fonctions, sans aucun changement ni mutation (1); une autre divise Paris en quartiers, ayant chacun leur magistrat. Sur la demande des bourgeois, il affranchit toute maison en ruine des prêts et hypothèques. Le régent modifia le système des rentes constituées et des héritages. La juridiction du Châtelet fut réglementée par une ordonnance spéciale. Et dans chacun de ces actes, le régent, au nom de Henri VI, parle « de son beau royaume de France et de sa bonne ville de Paris. » La formule adoptée par le régent est celle-ci : « Par le Roi, à la relation de son conseil tenu par l'ordre de M. le régent du royaume, duc de Bedford. » Le caractère régulier de la constitution anglaise se révèle dans ces actes, et le parlement agit de lui-même spontanément, sauf l'approbation et la sanction royale. Le règne de Henri VI aurait constitué le parlement de Paris dans les mêmes formes et avec les conditions des lords et des communes d'Angleterre :

(1) 5 décembre 1422.

(2) 15 mai 1424 (*Cod.*, livre XIII). Il se trouve ces mots ajoutés à l'édit : *Publiés au parlement et au Châtelet au son de trompe par les carrefours.*

« Ce jour, 7 février 1424, à huit heures, se portèrent de la chambre du parlement MM. Morvilliers et Longueil, présidents, et plusieurs conseillers, pour aller en l'hostel des Tournelles, devers le duc de Bedfort, regent et pour eslire un chancellier au lieu de maître Jehan Leclerc, qui le jour précédent avait rendu les sceaux et s'estait excusé et demis de l'office et exercice de chancelliez, auquel office fut alors eslu, si comme le desirait M. de Luxembourg, evesque de Therouane, qui ce jour y fut reçu et fit le serment accoustumé es mains du dit Bedfort, régent ce royaume (*Regist. du parlement,* folio 1424). »

A quelque temps de là, le désir des bourgeois de Paris put être satisfait : leur cher petit roi, Henri VI, reçut l'autorisation parlementaire d'un voyage en France avec l'octroi d'un subside, afin de le mettre à même de tenir état avec largesse et générosité pendant le voyage. Henri VI vint débarquer au Hâvre, de là il se rendit à Rouen, ville essentiellement normande, et par conséquent toujours un peu anglaise; le jeune Roi fut reçu avec enthousiasme, ainsi que les trois lords : la plupart des barons, comtes et chevaliers portaient sur la poitrine le blason normand. Arrivé à Pontoise, Henri VI vit venir à lui le parlement de Paris, le prévôt des marchands, les corps de métiers couverts de leurs chaperons, sous leurs bannières, pour le complimenter (1). Dès qu'il apparut aux portes de la capitale, toutes les cloches se mirent en branle; à chaque coin de rue s'élevaient des arcs de triomphe de fleurs et de fruits; puis des tréteaux où se jouaient les mystères et rapsodies; des anges descendaient du ciel bleu, comme s'ils venaient du paradis, pour couronner le jeune Roi qui semblait prendre part à la joie publique (2). Paris resta huit jours en fête au milieu des festins; on but du cidre, de la cervoise et du vin d'Argenteuil à flots. Et il n'y eut pas assez d'applaudissements, lorsqu'on vit le jeune roi ôter son chaperon et son capel pour saluer sa grand'mère Isabeau, placée sur un balcon de l'hôtel de Saint-Paul, que vint habiter le Roi, son petit-fils bien-aimé. De persévérantes recherches historiques m'ont fait découvrir un acte émanant de la royauté du jeune Henri VI et scellé à Paris. Il est ainsi

(1) 14 décembre 1431.

(2) Le cortége passa rue Saint-Denis, devant le Châtelet, la Sainte-Chapelle, la rue de la Calandre, la Vieille-Juiverie, le pont Notre-Dame, le petit Saint-Antoine pour aller à l'hôtel Saint-Paul (*Journal de Paris*, 1431).

intitulé : « Henri, par la grâce de Dieu roy de France et d'Angleterre, donné sous notre scel du Châtelet de Paris en l'absence du nôtre, et de notre règne le premier. » Le scel du parlement (le grand sceau) portait le jeune Roi assis en une chaise, tenant deux sceptres, l'un à chaque main, à droite l'écu de France, à gauche celui de l'Angleterre écartelé de fleurs de lis et de léopard (1).

Les chroniques de ce temps, écrites après la restauration de Charles VII, citent peu de noms de chevaliers et de barons français assistant au royal cortége de Henri VI, mêlés à ceux des cardinaux de Winchester et d'York, du duc de Bedford, des comtes de Warwick et de Suffolk ; mais ces mêmes chroniques avouent que le cortége nombreux et magnifique se déployait dans les rues Saint-Antoine, Saint-Paul, à la Bastille, aux mille cris de *noël! noël!* Le jeune roi, au reste, charmant de figure, saluait gracieusement la multitude qui l'acclamait. De l'hôtel Saint-Paul, il vint habiter l'hôtel des Tournelles, tout réparé à neuf par le duc de Bedford ; il n'était pas reconnaissable, tant les compartiments étaient riches et les bâtisses variées.

(1) Biblioth. impér. (collect. des gravures).

Le duc de Bedford avait grand goût pour l'architecture anglo-normande.

Le roi Henri VI, par le conseil de ses barons, résolut de se faire sacrer et couronner à Notre-Dame de Paris, l'église cathédrale si aimée, si respectée des Parisiens. La cérémonie fut belle, les rues richement ornées, les acclamations unanimes. Le Roi vint à la table de marbre du parlement pour y dîner : contrairement aux usages qui n'admettaient que les nobles, les magistrats, les riches bourgeois autour de ce festin, Henri VI voulut qu'on ouvrît les barrières à tout le peuple, si bien que le palais fut envahi par la multitude des halles, des ouvriers (1) : les plus grands seigneurs, les conseillers au parlement se trouvaient à côté des bouchers, escorcheurs de viande, feseurs de chaperons et même des savetiers, ce qui mécontentait fort les magistrats ; mais Henri VI aspirait, avant tout, à la popularité parmi la multitude.

Les fêtes se multiplièrent à Paris durant le

(1) On trouve dans le préambule d'une ordonnance du roi Henri VI ces paroles flatteuses pour les Parisiens : « Nous voulons traiter et honorer notre bonne ville de Paris comme le roi Alexandre traita la noble ville de Corinthe, dont il fit son principal séjour, ou comme les empereurs romains traièrent la ville de Rome » (*Recueil du Louvre*, déc. 1432).

court séjour du roi : on tira des artifices au Châtelet, on fit, à la façon anglaise, des distributions de viandes mal cuites, qui ne plurent pas beaucoup au peuple. Parmi ces fêtes riantes, on vit aussi se montrer l'esprit un peu sombre de la race saxonne : des baladins représentèrent *la danse macabre,* où la malle-mort n'épargnait aucune condition ; une viole à la main, une flûte à la bouche, elle dansait avec le pape, les empereurs, les rois, les cardinaux, les parlementaires, riches bourgeois, folles femmes d'amour, grimaçant avec tous d'une façon très-aimable. La danse macabre fut exécutée sur le cimetière des Innocents, près des fondations de l'église Saint-Eustache (1).

Avant de quitter Paris, après les fêtes et les réjouissances, le roi Henri, que le parlement d'Angleterre rappelait, fit proclamer une nouvelle ordonnance, adressée à ses sujets de France pour les remercier de leur bienveillant accueil, en même temps qu'il confirmait tous les priviléges du parlement, juridiction du Châtelet, prévôtés, échevinage, bourgeoisie.

---

(1) Les manuscrits de la Bibliothèque impériale contiennent des miniatures qui représentent avec une grande perfection la danse macabre bien avant les peintures d'Holbein. Je crois ces miniatures antérieures à la danse macabre de Bâle.

Le système des corporations était essentiellement anglais. Si la domination de Henri VI se fût consolidée, il en serait résulté un système de liberté et de corporations semblable à la grande charte anglaise (1).

(1) *Recueil du Louvre*, décembre 1432.

VIII

Influence d'Agnès Sorel sur Charles VII. Alliance avec les hauts féodaux.
(1435—1438.)

La belle légende de Jehanne la pucelle n'avait eu qu'un effet limité et un but incomplet; si elle avait enflammé quelques imaginations sous la tente, Dunois, Xaintrailles, Lahire, cette surexcitation passagère n'avait pas abouti; les gens d'armes de Charles VII avaient été forcés de lever le siége de Paris en toute hâte et de reporter le champ de guerre contre les Anglais entre Orléans et Bourges; le nom de Jehanne n'avait retrouvé qu'une fatale renommée à l'occasion du cruel procès de Rouen; sa condamnation même n'avait pas été un acte impopulaire à Paris : n'était-ce pas l'université de la ville illustre qui avait intenté la procédure contre Jehanne? Tout ce qui se rattache à l'histoire, à l'apologie de Jeanne d'Arc, appartient à l'époque de quiétude et de repos qui suivit la restauration de Charles VII. Ce fut alors que le roi accorda à sa famille (1) des lettres d'anoblissement, que son procès fut revisé, qu'on reproduisit ses traits (2), qu'on chanta ses miracles.

> Tout au beau milieu d'Orléans
> On voit une pucelle :
> Qu'on propose dans tous les temps
> Comme parfait modèle.
> Elle fut, dit-on, d'un très-bon renom,
> Et naquit en Lorraine,
> Jeanne on l'appela
> Tout comme sa marrine.

Comme les antipathies nationales étaient profondes durant les longues guerres avec les Anglais, on prit pour étendard Jeanne la pucelle ; son procès fut le symbole des rivalités entre les deux nations ; un des griefs imputés à l'Angle-

(1) 16 janvier 1430.

(2) Il n'y a de Jeanne d'Arc que des portraits relativement modernes ; le monument qui se trouvait sur le pont d'Orléans ne remontait pas au delà de 1572 ; le tableau de l'hôtel de ville était aussi du seizième siècle. La tapisserie reproduite par le graveur Ponsard n'a rien d'authentique : on la trouve dans le recueil des estampes (Biblioth. impériale, Règne de Charles VII).

terre; mais en se reportant à l'époque des misères du Roitelet de Bourges, il est constant que l'intervention de la Pucelle eut peu d'influence sur la guerre; elle laissa Charles VII dans son caractère de nonchalance et d'abandon pour sa propre cause. Le véritable réveil de la chevalerie appartient à Agnès Sorel, et le meilleur témoignage se trouve dans les vers de François Ier, souvent cités :

>   Gentille Agnès, plus d'honneur tu mérite
>   La cause étant de France recouvrer
>   Que ce que peut dedans un cloître ouvrer
>   Close nonain ou bien dévot hermite.

Cette salutaire et glorieuse influence d'Agnès Sorel sur le réveil de la chevalerie est attestée par les chroniques contemporaines, et un siècle après, Brantome racontait « qu'un devin, devant la cour de Bourges, annonça à la dame de Fromenteau (Agnès Sorel), qu'elle serait aimée longtemps par un grand roi; la gentille Agnès, saluant Charles VII d'une profonde révérence, dit : « qu'elle demandait la permission de se retirer à la cour d'Angleterre, car c'était ce roi que cette prédiction regardait, car le roi de France allait perdre sa couronne, et le roi d'Angleterre la placer sur sa tête. » Ces paroles frappèrent si vivement le roi, qu'il se prit à pleurer, et de là, prenant courage, quittant ses chasses et ses jardins, il fit si bien, par son honneur et sa vaillance, qu'il chassa les Anglais de son royaume (1). »

Telle fut la tradition longtemps conservée à travers les âges sur la noble influence d'Agnès Sorel (2). Toutefois, s'il y eut à cette époque un grand réveil de la chevalerie, il ne fut pas tout dans ce mouvement libérateur ; le triomphe de Charles VII, sa restauration royale, tiennent à des causes générales qu'il faut suivre et étudier. L'influence d'Agnès Sorel se lie à l'union de Charles VII avec ses grands vassaux, et spécialement avec le duc de Bourgogne.

Cette négociation s'ouvrit par l'intervention de la duchesse de Lorraine et de Bar, reine de Sicile, princesse spirituelle, active, qui exerçait une puissance considérable sur les grands vassaux en Anjou, en Bretagne, et même en Bourgogne ; Agnès Sorel, sa demoiselle d'honneur,

---

(1) Brantome, Charles VII.

(2) « Et certes c'estait une des plus belles femmes que je vois oncques et fit en sa qualité beaucoup au royaume de France, elle avançait devers le roi jeunes gens d'armes et gentils compagnons dont le roi estait bien servi. » (*Chron. d'Olivier de la Marche.*) Olivier de la Marche vivait à la cour de Bourgogne vers l'an 1444.

fut l'intermédiaire dévoué et pour ainsi dire le gage donné auprès du roi. La condition première de tout arrangement, c'était que le roi éloignât de lui tous les chefs des grandes compagnies, ce conseil d'aventureux qui avaient pu servir sa cause aux jours difficiles et désespérés du Roitelet de Bourges, mais qui n'étaient plus qu'un principe de turbulence et de désordre, lorsque le roi de France allait devenir le suzerain régulier des grands vassaux de la monarchie (1).

Le plus compromis d'entre tous était Tanneguy Duchâtel, fort loyal au dauphin durant les troubles des Armagnacs et des Bourguignons (2), mais qui restait alors l'homme des temps passés, et par suite un embarras pour l'avenir. Tanneguy d'ailleurs était un obstacle à toute espèce de paix avec le duc de Bourgogne; on l'accusait hautement d'avoir frappé le duc Jehan sur le pont de Montereau : comment espérer une paix avec le Bourguignon, si Tanneguy Duchâtel restait l'ami, le chef du conseil du roi? Dunois le bâtard était dans les

---

(1) Préliminaires de la négociation d'Arras (dans Monstrelet, 1430).

(2) C'était Tanneguy Duchâtel qui avait enlevé et sauvé le dauphin du milieu des Bourguignons, lors des troubles de Paris.

mêmes conditions : son rôle finissait avec les aventures glorieuses de Jeanne d'Arc, dont il avait secondé le bras et propagé la légende. On entrait dans un nouvel ordre d'idées : si Lahire et Xaintrailles restaient encore à la tête de leurs compagnies de gens d'armes, c'est qu'ils étaient chefs de guerre seulement, sans se mêler de la direction du conseil. Ce conseil nouveau devait négocier avec les vassaux de Bretagne, afin de les amener à une alliance intime avec le roi; Agnès Sorel devait peu à peu effacer au cœur du duc de Bourgogne le souvenir terrible du pont de Montereau, tâche immense que se donnait la grande négociatrice de ce temps, la duchesse de Lorraine, reine de Sicile, et pour arriver à ce résultat, il fallait dégager le roi de toute responsabilité, par cette opinion un peu mensongère, que le dauphin n'avait pas participé à l'assassinat du duc Jean, et que de mauvais conseillers seuls étaient coupables.

Le duc de Bourgogne avait alors à se plaindre des Anglais, qui n'avaient pas tenu à son égard tous les engagements pris dans les traités antérieurs. Le moment était favorable pour essayer une négociation directe (1), un rapproche-

(1) Les Pères du concile de Bâle avaient écrit une lettre touchante pour inviter le prince chrétien à la paix (mars 1435).

ment du roi Charles VII : avec la personnalité absorbante de la race anglo-saxonne dont il était difficile de rester longtemps l'alliée. Les Anglais voulaient tout pour eux; ils espéraient imposer leurs lois, leurs coutumes souvent excentriques, et les ducs de Bourgogne étaient trop fiers pour le souffrir longtemps; or, ce n'était pas seulement comme grand vassal de la couronne que le duc de Bourgogne pouvait prêter son concours à la restauration de Charles VII, c'était encore comme la popularité considérable de Paris, des halles, et des corporations ! Sous l'étendard de Bourgogne avait commencé la révolte. Cet étendard seul pouvait l'apaiser ; les Anglais pouvaient s'en apercevoir eux-mêmes à Paris, où leur influence diminuait à mesure qu'ils s'éloignaient de la politique bourguignonne. Il y a certaines idées, certaines émotions, certains noms propres même qui sont tout pour la multitude : quand il ne s'agirait plus à Paris de faire triompher la cause bourguignonne, mais la cause anglaise, bien des affections et des souvenirs se tourneraient vers Charles VII, si sa restauration s'accomplissait par le duc de Bourgogne (1).

(1) Il faut lire dans Monstrelet avec quelle joie la duchesse de Bourgogne avait été accueillie à Paris.

C'est ce qui faisait la préoccupation du nouveau conseil de Charles VII à Bourges, et ce qui expliquait la politique nouvelle inaugurée par l'influence d'Agnès Sorel ; il faut croire sans doute à la puissance de l'amour, à l'aveugle entraînement qu'il peut inspirer ; mais une longue faveur telle que celle d'Agnès Sorel a souvent une cause générale, et il faut la chercher dans l'extrême amitié que lui portait la reine de Sicile, duchesse de Lorraine (1), la princesse qui avait arraché le Roitelet de Bourges à l'influence des chefs de grandes compagnies (Duchâtel, Dunois), pour renouer autour de lui le pacte féodal de Bretagne, d'Anjou et de Bourgogne. Agnès Sorel fut le doux visage en qui se transfigura cette nouvelle situation.

(1) La duchesse de Bourbon, sœur du duc de Bourgogne, intervint aussi comme intermédiaire pour la paix (1435).

IX

Jacques Cœur, l'argentier du roi. — Son alliance avec Agnès Sorel.
(1435—1440.)

Dès que le roi Charles VII eut secoué le joug des aventureux qui formaient son conseil, et que les grands féodaux s'unirent à sa cause, les tristes misères du château de Chinon cessèrent un peu : ce n'était plus le roi qui naguère pouvait à peine offrir à ses compagnons d'armes un poulet et une queue de mouton du Berri, *tant seulement.* Il y eut à la cour de Bourges une certaine magnificence autour de Charles VII, de la reine de Sicile, du duc de Bourbon, du duc de Richemont, d'Agnès Sorel; il fallait donc des ressources financières : quelle main allait si bien garnir la huche du roi ? Ici commence l'influence de Jacques Cœur.

Au moyen âge, le juif seul faisait des prêts d'argent à usures odieuses : dès qu'il y avait une proie à saisir, le juif se jetait sur elle avec l'avidité du vautour ; plat et servile, il s'abaissait jusqu'à baiser la poussière du sol, pour ronger ensuite la chair et s'abreuver du sang du pauvre laboureur, aussi bien que du seigneur et du chevalier (1). A chaque période de crise financière, le juif, rappelé comme dernière ressource, donnait une somme de rachat, et on lui livrait la société à torturer tout à son aise; comme le juif Schylock, de Shakspeare, il déchirait la chair du peuple par lambeaux, jusqu'à ce que ce peuple, se réveillant, le chassât comme un animal immonde. Une fois le juif exilé, comme il fallait pourvoir aux finances, ce furent les Lombards qui le remplacèrent, moins dans l'usure que dans le commerce en général ; on appelait Lombards, alors, tout ce qui venait du delà des monts, Vénitiens, Gênois, Pisans, Florentins, intrépides marchands qui, depuis les croisades,

---

(1) Voyez les ordonnances de Philippe-Auguste, 1190. Un de mes mémoires sur l'état des Juifs au *moyen âge* fut couronné par l'Institut ; comparez avec mon *Philippe-Auguste*, t. II.

allaient chercher les épices d'Egypte, les draps de Constantinople, les tissus de la Syrie : quelques rares marchands français, au quatorzième siècle, avaient directement fait le commerce avec l'Orient par la voie de Marseille (1) ; plusieurs s'étaient faits orfévres, argentiers, c'est-à-dire manipuleurs et prêteurs d'argent : il fallait un argentier aux rois, aux féodaux ; l'argentier faisait des avances, et, en échange, on lui cédait les impôts, les péages, les revenus, à de meilleures conditions qu'avec les juifs et les Lombards : tel fut sous Charles VII le riche marchand et argentier Jacques Cœur.

Quand on entre à Bourges, tout auprès de la cathédrale, on trouve encore, dans un état de conservation parfaite, une vaste maison en style mélangé de Venise et de Flandre, à la façon des hôtels-de-ville de Bourges, d'Anvers et de Bruxelles ; c'est la maison bien connue de Jacques Cœur, l'argentier du roi Charles VII. Aucun doute n'existe sur l'origine française de Jacques Cœur (2), fils d'un orfévre de Bourges même. A cette époque, l'état d'orfévre n'était pas seulement un métier, un art ; l'orfévre n'était pas

(1) Les statuts de Marseille (treizième siècle) constatent le vaste commerce qui se faisait avec l'Orient.

(2) Voyez mon travail sur les *Financiers*, t. I.

un simple ouvrier (faber) ; il embrassait encore la fabrication des monnaies, la garde des coins, l'essayage et l'épuration des métaux ; comme l'or, en définitive, fut toujours la passion, le premier besoin de l'homme, des États et des princes, l'orfévre royal était l'homme important, depuis saint Eloi (1). Une des mauvaises habitudes du temps était l'altération des monnaies, et l'orfévre rendait de grands services dans cette opération du creuset ; quelques uns de ces ouvriers étaient un peu alchimistes, rechercheurs d'or ; il n'était pas un savant au moyen âge, qui, dans ses longues veilles, n'eût recherché l'art de faire de l'or ; l'habile, le grand Albert, Raymond de Lulle, etc. : que d'alchimistes francs ou allemands avaient usé leur vie à la recherche de l'or !

Jacques Cœur, tout jeune homme, avait été employé à l'hôtel des monnaies de Bourges ; l'art romain avait légué au moyen âge une certaine science de graver les monnaies, et les écus : les deniers d'or et d'argent de cette époque nous sont parvenus dans un bel état

---

(1) La vie de saint Éloi dans les *Acta sanctorum* et dans les *Bollandistes* est curieuse pour suivre l'histoire du commerce au moyen âge.

de conservation. C'était un esprit de vaste intelligence et d'entreprise hardie que Jacques Cœur, qui, par sa science de l'or, avait grandi son commerce jusqu'à l'étendre à toute espèce de marchandise, comme les Vénitiens et les Gênois ; Jacques Cœur achetait partout les monnaies (1) ; à Constantinople, à Venise, où l'or était si pur ; puis, il fabriquait des espèces à un taux moins élevé. Cependant, ce qui nous reste des monnaies de Charles VII, écus d'or, testons, deniers, sont d'une grande pureté. Les bénéfices de Jacques Cœur résultaient du change bien entendu qu'il se rendait favorable, de la fonte des monnaies byzantines et vénitiennes, si pures, et de la vente des marchandises sur les marchés français, aux foires de Paris, de Lyon, de Bourges, de Toulouse et d'Albi.

Dès que l'alliance avec la maison d'Anjou-Lorraine eut raffermi la puissance royale de Charles VII, Jacques Cœur, nommé d'abord garde des mines, maître des monnaies, reçut le titre officiel d'argentier du roi, garde du trésor, chargé de percevoir les impôts et les

(1) Le beau traité de Le Blanc sur les *monnaies* est un résumé de la science numismatique de la deuxième et troisième race.

revenus du domaine; protégé par la reine de Sicile, l'ami et le serviteur dévoué d'Agnès Sorel, il procura par son crédit des ressources considérables à la cause royale, dans des emprunts, à Gênes, à Milan, à Venise, auprès des marchands lombards, engageant sa propre fortune, son crédit (1). Le titre de l'or fut fixé à soixante-dix écus et demi au marc, et le marc d'argent à onze. Dans la vue d'entretenir des compagnies de gens d'armes, Jacques Cœur fit rendre une ordonnance sur la permanence des tailles, jusqu'ici impôt accidentel et momentané; les officiers furent soldés, comme les troupes elles-mêmes, et les maîtres de la Cour des comptes durent recevoir des jetons d'or et d'argent.

Orfévre en même temps que trésorier royal, Jacques Cœur, le premier, tailla le diamant, qui, jusqu'alors, était brut et terne, ainsi qu'on peut le voir sur les couvertures des missels, et même dans les châsses et reliquaires des saints; Jacques Cœur fit venir des ouvriers de Venise, de Constantinople, qui taillèrent le diamant et lui donnèrent, ainsi qu'aux pierres fines, cet éclat qui fait la beauté des parures modernes;

(1) On a eu soin de recueillir l'empreinte de toutes les monnaies de Charles VII dans le recueil des gravures (Bibliothèque impériale).

le vert d'émeraude, le bleu du saphyr, le blanc scintillant de la rose et l'éclair du brillant ; la première parure en diamants, si l'on en croit les chroniques, fut portée par Agnès Sorel; Jacques Cœur lui fit présent d'une ceinture pour son corsage, et on la voit ainsi représentée sur son portrait ; cette parure, perles et diamants, vient se nouer sur son sein (1).

Agnès Sorel et Isabeau de Bavière les premières firent usage de toiles pour les chemises, jusqu'alors en laine fine, tissue à Bruxelles et dans les villes de Flandre Madame la reine de Naples portait des dentelles et des chemises de fine toile de frise; et, désormais, les filles du roi, selon la remarque des doctes bénédictins, en reçurent chacune deux dans leur dot de mariées, indépendamment de deux cent mille écus d'or, sans apanage en terre (2). La richesse des costumes consistait surtout dans les brocards d'or, façonnés à Venise et à Constantinople; les coiffures étaient comme de hautes mitres d'où descendaient de longs voiles dont l'origine était évidemment orientale; dans les miniatures des manuscrits, on voit les nobles

(1) Recueil des portraits, gravures (Biblioth. impériale).

(2) Bénédictins, l'*Art de vérifier les dates*, règne de Charles VII.

dames, ainsi accoutrées, arriver aux fêtes sur leurs belles haquenées : les figures fines et affilées ressortaient merveilleusement sous ces coiffures, et le voile blanc drapait la taille serrée dans un brocard d'or (1). Le soulier à poulaine était porté très-pointu, orné de pierreries, comme on en vit plus tard aux pieds des courtisanes de Venise. Tout ce luxe venait d'Orient ; le commerce de Jacques Cœur n'était pas étranger à cette impulsion de richesses dans le vêtement. La fortune de Jacques Cœur, l'ami, le protégé d'Agnès Sorel, paraissait déjà une insulte à la misère du peuple ; on disait *riche comme Jacques Cœur ;* les religieux, en chaire, l'accusaient de traiter avec les infidèles, sans répugnance, et de commercer avec le Turc et le Persan ; maître de bons écus, Jacques Cœur acquérait de grands domaines, plus plantureux que ne l'étaient ceux des féodaux ; car il venait d'acheter la terre de Saint-Fargeau (2), avec les vingt-sept paroisses qui, alors, en dépendaient,

(1) Le manuscrit de Monstrelet (collect. Gagnière) contient un merveilleux recueil de miniatures contemporaines (Bibliothèque impériale).

(2) Cette belle terre de Saint-Fargeau passa dans la famille parlementaire Lepelletier ; elle fut possédée par le triste régicide Lepelletier Saint-Fargeau, un peu trop riche pour être sincèrement démocrate.

et le droit de haute et basse justice ; protégé, encouragé par Agnès Sorel, Jacques Cœur fournissait au roi tous les deniers nécessaires pour poursuivre avec persévérance et courage la guerre contre les Anglais et le restauration de sa bannière : les argentiers servirent souvent une cause nationale !

X

Décadence du gouvernement anglais en France.
(1430—1435.)

Le séjour du jeune Henri VI à Paris avait été d'une trop courte durée pour laisser de profondes empreintes. Après le couronnement à Notre-Dame, l'enfant-roi, rappelé par le parlement d'Angleterre, avait quitté le palais des Tournelles pour se rendre à Rouen, la ville de prédilection de la race anglo-normande (1) ; les Parisiens furent tous irrités de voir le peu de cas que semblait faire le nouveau roi de sa bonne ville de Paris : ne serait-elle désormais qu'une ville secondaire auprès de Londres et même de Rouen ?

(1) Le séjour de Henri VI à Paris ne s'étendit pas au delà d'un mois (*Journal de Paris*, avril 1432).

Ces sortes de questions de suprématie de cités les unes sur les autres agissaient profondément sur l'amour-propre des masses : cependant, le roi Henri V avait laissé, pour le représenter à Paris, son oncle, le duc de Bedford, esprit sage par excellence et fin populaire, qui aurait pu parfaitement gouverner les Parisiens, si le parlement d'Angleterre n'avait pas refusé les subsides nécessaires pour maintenir et consolider un gouvernement nouveau à Paris.

Il résulte des registres du parlement qu'aucun gage n'était payé aux conseillers, aux enquesteurs, aux maîtres des requêtes, et que le greffier même n'avait pas de quoi acheter le parchemin nécessaire pour écrire les délibérations et les arrêts (1) ; les dévoûments les plus absolus se refroidissent avec la misère; « Pourquoi, disaient les bourgeois de Paris, resterions-nous sous le pouvoir des rois anglais, puisqu'ils ne font rien pour cette bonne ville, et qu'ils nous laissent périr de besoin (2) ? » Ce qui frappait surtout ces bourgeois, c'était l'état de dénuement où les Anglais laissaient madame Isabeau de Bavière, qui, certes, les avait bien servis. Cette reine,

---

(1) *Registre du parlement*, mai 1432.

(2) Depuis le mois de janvier 1433, le commerce était suspendu (*Journal de Paris*).

naguère si élégante dans son hôtel de la rue des Barbettes, si pleine de luxe, si avide de plaisirs, avait été obligée de vendre même ses vêtements à des juifs, et elle portait des habits de bure tout déchirés; quand on se plaignait aux Anglais, ceux-ci l'accusaient de porter encore trop d'intérêt au Roitelet de Bourges, son fils; ils exigeaient que, pour servir la cause de Henri VI, la vieille reine déclarât hautement, par acte authentique, que Charles VII n'était qu'un bâtard, et qu'elle se flétrit ainsi par son propre déshonneur (1).

Les Anglais avaient peur, en ce moment, du réveil prochain d'un parti qui entourait le duc d'Orléans. Le jeune duc Charles d'Orléans, prisonnier à la bataille d'Azincourt, était depuis longues années captif en la tour de Londres, où il était tenu avec la plus grande rigueur; car le conseil des barons d'Angleterre le considérait comme un obstacle au paisible règne de Henri VI en France et un appui pour la maison de Valois. Charles, comme son père, le duc d'Orléans, frappé à la rue des Barbettes, était un esprit charmant, d'une douceur incomparable; durant sa captivité à Londres, il s'était

(1) Monstrelet, 1432.

consolé de son malheur par la poésie : ses vers, d'un langage pur et mélancolique, qui sont parvenus jusqu'à nous, sont consacrés à l'amour, aux souvenirs de sa jeunesse ; Charles d'Orléans aimait sa patrie ; il gémissait sur les dissensions politiques qui l'avaient entraînée dans l'abîme ; mais, sous la main des Anglais, il n'osait dire toute sa pensée ; pauvre captif ! qui lui rendrait la liberté ?

> De ballader j'ai beau loisir
> Autres deduits me sont cassés
> Prisonnier suis, d'amour martyr
> Hélas ! et n'est-ce pas assez (1) !

Oui, c'était bien assez que cette longue et triste captivité ! Charles d'Orléans avait encore pour lui un parti à Paris ; l'instinct des Anglais ne se trompait pas ; car ce prince était en rapport avec Charles VII et madame Isabeau de Bavière ; il appelait de tous ses vœux la paix, avec la restauration royale. Les Armagnacs se réveillaient ainsi ; à leur égard, bien des ressentiments étaient apaisés ; les halles, les corporations marchandes, le par-

(1) Les poésies de Charles d'Orléans ont été plusieurs fois imprimées ; l'abbé Salier, le premier, les fit connaître (*Mémoires de l'Académie des inscriptions*, t. XIII). La Bibliothèque impériale en possède plusieurs manuscrits ; il en existe un fort curieux à la bibliothèque de Grenoble.

lement, la Cour des comptes, avaient assez des Anglais, qui ne leur avaient procuré que de la misère et des guerres! L'abandon dans lequel ils laissaient madame Isabeau de Bavière faisait peine. Bientôt, elle tomba malade et mourut (1), et, chose bien triste, on ne vit à ses funérailles nulle pompe; un service seulement, où assistèrent les conseillers et les présidents, toujours très-dévoués à la vieille reine, associés à sa politique et à ses malheurs. Après le service à Notre-Dame, le corps d'Isabeau de Bavière fut transporté dans une barque jusqu'à Saint-Denis, accompagné seulement de quatre serviteurs ou pages; ce n'est pas qu'il fût abandonné et délaissé, comme on l'a dit; mais il était impossible à un cortége funèbre de suivre la grande route de Saint-Denis, alors battue par des corps de gens d'armes indisciplinés, qui n'auraient respecté ni le cercueil, ni les parures du cortége funèbre (2).

Le dernier lien qui unissait les Parisiens à la cause anglaise venait de se rompre. Dans une expédition en Normandie, le duc de Bedford

(1) Madame Isabeau mourut à l'hôtel Saint-Paul, le 4 septembre 1435.

(2) Un tombeau de marbre fut élevé à Isabeau de Bavière côté de celui de Charles VI, à Saint-Denis.

était mort dans une rude et glorieuse guerre ; fort aimé et respecté à Paris, c'était pour ainsi dire lui seul qui tenait haute la bannière où les écus de France et d'Angleterre étaient unis ; caractère grave, sérieux, sa parole était un acte, et ceux qui ne l'aimaient pas l'estimaient (1). Le duc de Bedford trépassé, que restait-il à Paris pour représenter l'autorité du roi d'Angleterre ? Quelques capitaines anglo-normands qui ne parlaient pas même la langue du peuple ; le bruit courait que la paix était prochaine entre Charles VII et le duc de Bourgogne, et cette paix populaire était négociée précisément par l'héritier du duc d'Orléans, que tant de griefs auraient dû séparer de Philippe le Bon, le duc de Bourgogne ; tous les esprits étaient à la paix et à la restauration de Charles VII. Il est des temps ainsi faits, où l'on ne demande qu'à finir la guerre civile et à se placer sous un gouvernement régulier : le plus petit événement suffit alors pour accomplir ce qu'on a vainement cherché dans vingt ans de luttes.

(1) Le duc de Bedford mourut le 14 septembre 1435. On lui éleva un mausolée dans la cathédrale de Rouen, à côté du maître-autel. On conseillait à Louis XI de le faire enlever : il répondit : « Ne déplaçons point un mort que toutes les forces de la France n'ont pu faire reculer tant qu'il a vécu. »

XI

Charles VII et Agnès Sorel aux châteaux de Bourges et de Chinon.

(1430—1435.)

La faveur d'Agnès Sorel n'était plus un mystère, et tout ce qui avait une force, un instinct de chevalerie, s'était levé à sa voix. Ce réveil s'étendait à toute la noblesse des provinces méridionales; Agnès, qui n'avait aucun goût pour les vieux chefs des gens d'armes, fatigués dans la guerre civile, aimait les jeunes chevaliers élégants, gracieux, qui pouvaient plus généreusement s'attacher à la cour du roi (1); elle-même n'avait pas abandonné sa position modeste auprès de la reine de Sicile (2), duchesse

---

(1) Chronique de Jean Chartier.
(2) Mss. de Froissard (miniature).

de Lorraine : on trouve dans le livre authentique des dépenses de ladite reine : « dix livres tournois pour les gages d'Agnès Sorel, une des damoiselles pour l'accompagner. » Le cartulaire de l'église collégiale de Loches constate que la demoiselle Agnès Sorel fit présent à l'Eglise d'une petite statuette d'argent, pour être placée dans la chapelle (1).

Les autographes d'Agnès Sorel sont rares : à cette époque du moyen âge, la femme écrivait peu ; cependant, la patience des érudits a découvert une lettre écrite par Agnès Sorel au prévôt de la Chesnaye-ez-Bois : « Monsieur le Prévôt, j'ai entendu et ouï que quelques hommes de la Chesnaye ont été par vous adjournés sur le soupçon d'avoir pris certain bois de la forêt de Chesnaye, sur quoi, ai entendu dire qu'aucune desdites gens sont pauvres et misérables personnes ; monsieur le Prévôt, ne veux qu'il ne soit suivi à ladicte poursuite, sur quoi, fesant sans délai vous serez agréable à votre bonne maistresse. AGNÈS (2). »

Par la forme de ces lettres, il paraît constant que c'était comme dame de la Chesnaye, ayant

---

(1) Cartulaire, ann. 1431.

(2) Autographe ; elle n'est pas datée, mais on peut la reporter à 1430.

seigneurie haute et basse, qu'Agnès les écrit, et non pas comme ayant une position élevée à la cour de Charles VII. Les paroles en sont douces, humaines ; elles supposent une âme facile à miséricorde et merci. Mais bientôt la femme coquette, envieuse de parures, reparaît dans un autre autographe écrit à mademoiselle de Bonneville :

« A mademoiselle de Bonneville, ma bonne amie (1).

« Mademoiselle ma bonne amie, me recommande de bon cœur à vous ; je vous prie de vouloir bien bailler à ce porteur Christophe ma robe grise doublée de blanc et toutes paires de gants que vous trouverez en demeure, ayant, ledit Christophe, perdu mon coffret ; vous plaira, en outre, recevoir de lui mon levrier Carpet, que vous voudrez bien nourrir à vos côtés, et ne le laissez aller à la chasse avec nul ; car n'obéit ni à sifflet ni à appel et serait autant dire perdu, ce qui me serait à grand'peine, et, l'ayant recommandé, ma bonne amie ne ferait plaisir, priant Dieu qu'il vous tienne en sa grâce, ma toute bonne amie. AGNÈS. »

Ce n'est plus ici la simple châtelaine recom-

(1) Autographe. Cette lettre paraît écrite durant la grande faveur d'Agnès.

mandant à son bailli de ne point poursuivre les pauvres gens qui ont dérobé du bois dans ses domaines, c'est la femme déjà très-élevée dans l'amour et la confiance du roi ; la demoiselle de Bonneville est comme une fille d'honneur d'Agnès Sorel ; la formule de sa lettre est presque souveraine ; elle porte : « Je prie Dieu, etc. » Elle a ses chiens, ses chasses, comme le roi Charles VII. Agnès écrit toujours à mademoiselle de Bonneville : « Ma bonne amie, nous avons fait chasse, hier, à un porc sanglier dont votre petit chien Robin avait connu la trace et s'en est fort mal trouvé, ledit petit Robin ayant été frappé d'un taillon. Votre bonne amie, AGNÈS (1). »

Pauvre chien Robin !... Agnès Sorel s'en occupe comme d'un être ami ; la meute était presqu'une famille pour les châtelaines ; car la chasse était la préoccupation de la vie féodale, des dames surtout, qui allaient si courageusement au-devant du cerf et du sanglier ; il n'est pas dit qu'elles aient jamais reculé : elles savaient le nom des chiens d'arrêt, des limiers, des chiens de course. Tête bien légère que le le-

---

(1) Autographe. Je n'ai pu découvrir, malgré mes recherches, à quelle famille appartenait cette madame de Bonneville.

vrier, sans instinct de piste et sans attachement !
Néanmoins, il était le chien féodal par excellence ; on le reproduisait sur les armoiries ; on le sculptait aux pieds de la châtelaine sur son tombeau ; gracieux compagnon, il ne la quittait jamais ; svelte, découplé, il suivait la haquenée de la noble dame jusques dans les bois touffus, dans les taillis épais, aux tournois, sur les grands échafauds rouges, et où le levrier se couchait aux pieds de la châtelaine ; il en portait les émaux au collier, sur le caparaçon qui le couvrait dans les froidures d'hiver. Nobles temps de la chevalerie, qu'êtes-vous devenus, alors que tout était fanfares dans l'histoire ! La vie se passait entre la légende, le manoir, la chasse, les batailles, les seules émotions qui font les grandes âmes !

C'était autant par la hardiesse de ses actions, les grâces de ses propos, que par la beauté de sa personne, qu'Agnès Sorel plaisait au roi Charles VII, fort mobile dans ses pensées et ses attentions, et, selon les chroniques de Bourgogne, prenant ses favoris et les quittant avec une facilité étrange. Cette mobilité tenait peut-être à la situation même de Charles VII, obligé de satisfaire les volontés, les caprices de tous ces chefs de guerre qui l'entouraient, Bretons,

Angevins, Écossais (1) : le roi était obligé de donner la préférence, tantôt aux uns, tantôt aux autres, selon la force qu'ils apportaient à sa cause. « L'amour que le roi portait à madame Agnès, comme chacun disait, estait pour les folies de jeunesse, esbatements, joyeusetés, avec son langage honeste, poli, qui estait en elle, et aussi qu'entre les belles c'était la plus jeune, la plus belle du monde. Aussi pour telle estait-elle tenue, ladite Agnès était de vie bien charitable, large et libérale en aumône, distribuant du sien largement aux pauvres de l'Église. » Ainsi s'exprimait Jean Chartier, dont le père avait vécu à la petite cour du Roitelet de Bourges (2).

Cette cour était devenue celle, en quelque sorte, de la reine de Sicile et de toute la maison de Lorraine, dont Agnès était la vassale. Charles VII avait pris glorieusement les armes; s'il y avait peu d'ordre dans la guerre, on ne pouvait nier la vaillance et le courage. Tout

---

(1) Je suis obligé de détruire une illusion sur le désintéressement des Écossais qui entouraient Charles VII; ils se montraient fort exigeants en fiefs et concessions : le comte de Buchan fut fait connétable de France; Jean Stewart, comte d'Aubigni, puis de Dreux; le comte Douglas fut créé duc de Touraine. Ce ne sont pas les Écossais de Walter Scott.

(2) *Chronique de Jean Chartier.*

était aux mains des Bretons et des Écossais ; ce fut pour acquérir définitivement le concours des Écossais, que Charles VII fiança le dauphin, alors âgé de cinq ans, à Marguerite, fille de Jacques Ier, roi d'Écosse, qui n'en avait que trois (1). Le dauphin, depuis Louis XI, qui portait un amour extrême à sa mère, conçut, dès sa plus extrême jeunesse, une certaine répulsion pour Agnès Sorel ; à l'âge de douze ans, Marguerite vint en France avec un nouveau corps d'Écossais destiné à servir la cause royale : les châteaux de Chinon et de Tours devinrent de brillantes cours de chevalerie ; toutes les fois que les paladins n'allaient pas en guerre, on s'occupait d'amour, de chasse et de tournois ; Agnès ne cessa pas un moment d'inspirer au roi : « la pensée de France recouvrer. » Mais la main forte et puissante qui accomplit la restauration fut celle du duc de Bourgogne. Avec son aide seulement, Paris pouvait revenir au roi Charles VII.

(1) En 1428. Les Anglais avaient tenté d'enlever cette princesse durant la traversée.

XII

Traités avec le duc de Bourgogne. Réconciliation avec Charles VII.

(1434—1435.)

Du sein de sa captivité si dure, Charles d'Orléans espérait, par la douceur et la résignation, préparer la paix générale, non-seulement entre les grands vassaux et Charles VII, mais encore entre Henri V et celui que le roi d'Angleterre traitait avec tant de mépris. Charles d'Orléans, prince poëte, aux idées généreuses, ne voyait pas les obstacles insurmontables qui s'opposaient à la paix entre des prétendants qui se disaient tous deux, avec la même volonté, rois de France, en invoquant le même droit absolu; comment les rapprocher? Le souverain pontife l'avait en vain espéré, et le concile de Bâle appelait les deux rois à une croisade. Le congrès d'Arras s'était dissous par le fait des plénipotentiaires anglais, qui avaient mis pour condition première et fondamentale la reconnaissance de Henri VI comme roi de France, tandis que les Français posaient également pour condition que Charles VII serait reconnu pour droit héritier de la couronne de Charles VI (1).

Les tentatives du congrès d'Arras n'ayant point abouti, il fallait nécessairement s'adresser au duc de Bourgogne, le seul vassal assez puissant pour finir la guerre civile, en reconnaissant la royauté de Charles VII : ce rapprochement, déjà plusieurs fois essayé (2), n'avait pu s'accomplir, à cause des griefs profonds et respectifs ; n'était-ce pas un duc de Bourgogne qui avait frappé un duc d'Orléans à la rue Barbette ? et c'était par les amis, les féaux de Charles VII, que le duc de Bourgogne avait été occisé sur le pont de Montereau : il y avait donc du sang sur toutes les mains. Mais par la marche naturelle du temps, les événements sinistres s'effacent et les intérêts prennent la suprême domination : rien ne s'oublie comme un passé, même sanglant, qui n'est plus

---

(1) Les conférences s'étaient d'abord tenues à l'abbaye de Saint-Wast. Monstrelet entre dans quelques détails.

(2) Dans des conférences à Auxone et Corbeil.

dans les idées et les besoins du moment ; les ducs de Bourbon et de Richemont s'étaient portés comme intermédiaires, et ils députèrent auprès du duc de Bourgogne ses propres amis, les comtes de Clermont et de Vendôme, pour l'apaiser ; quand l'Anglais refusa de signer la paix d'une façon absolue, le roi de France et le duc de Bourgogne résolurent de la conclure sans lui, aux conditions que leurs amis avaient réglées (1).

« Le roi désavouait le fatal événement de Montereau, qu'on s'abstenait de qualifier ; le roi s'obligeait même à poursuivre les auteurs de l'assassinat. » Dur engagement, car celui qui avait porté le premier la main sur le duc Jean, n'était-ce pas Tanneguy-Duchâtel, le serviteur le plus fidèle du roi ? Il s'obligeait à élever une chapelle expiatoire sur le pont même, au lieu où l'assassinat avait été commis, et, pour desservir cette chapelle, on fondait un couvent de chartreux. L'expiation accomplie, indépendamment d'une indemnité en écus d'or, le roi cédait au duc de Bourgogne les comtés de Mâcon, de Châlons, Langres, les comtés et cités d'Auxerre, Montdidier, Péronne, Saint-Quentin, Corbie, Amiens, le comté d'Artois, avec la ville de Boulogne-sur-

---

(1) Ces négociations se trouvent avec de grands détails dans Monstrelet, 1435.

Mer, et ces terres nouvelles, ainsi que les anciennes, désormais seraient possédées sans obligation d'hommages ni devoir. C'était presque la reconstitution d'un royaume de Bourgogne, comme il existait avant la grande féodalité (1) ; seulement, l'héritier de chaque duc ferait connaître son avénement au roi de France. Il y avait un côté curieux dans ce traité, c'était le soin qu'on apportait dans les stipulations financières, à ce point « de déclarer que les quatre cent mille écus d'or payés par le roi de France le seraient en aloi de soixante-quatre au marc de Troyes et de huit onces pour le marc. » Avec les altérations de monnaies si fréquentes, il était essentiel d'en fixer le taux régulier et l'aloi de chaque pièce (2).

Afin d'engager l'avenir du royaume, le duc de Bourgogne exigea sur ce traité la signature du dauphin, depuis Louis XI, et de sa main d'enfant, Louis écrivit : « Bel oncle Philippe, duc de Bourgogne, nous vous promettons, par la foi et serment de notre corps, d'entretenir et

---

(1) Dans les lettres patentes, Philippe prend la formule royale de duc de Bourgogne *par la grâce de Dieu* (Corps diplomat., ann. 1435).

(2) Le traité se trouve dans Monstrelet, le grand collecteur de pièces authentiques. Le traité d'Arras fut ratifié par le roi dans les lettres patentes du 10 décembre 1435 scellées à Tours.

garder de point en point les traité et appointements de la paix, faits entre monseigneur le roi et vous, tout ainsi qu'il est ci-dessus écrit, sans aucun faire et venir à l'encontre, et, quand il plaira à Dieu que nous parvenions à la couronne de France, nous promettons encore bailler nos lettres et patentes de telles substances que les présentes. Écrit de ma main, scellé du sceau secret du dauphin, en cire verte, et enduit en lac de soie rouge et verte (1). »

Les grandes précautions exigées par le duc de Bourgogne qui engageaient l'avenir de la France étaient prises parce que les conditions étaient si dures pour le roi Charles VII qu'on craignait toujours qu'elles ne fussent pas exécutées. Aussi, rien de plus solennel que les cérémonies qu'on célébra dans la cathédrale d'Arras pour le jurement de la paix. Comme les légats du pape avaient été les médiateurs, trois cardinaux présidèrent à cette solennité : la messe fut dite en plain-chant, et les orgues de la cathédrale firent retentir des chants joyeux. Lorsque le cardinal célébrant eut lu les saints Évangiles, il posa le livre sacré sur l'autel couvert de peintures byzantines, et les

---

(1) *Corps diplomatique*, ann. 1435.

envoyés de France et de Bourgogne, revêtus de leur hermine, la main nue, jurèrent la paix au nom de leur maître, tandis que le peuple témoignait sa joie par les cris de *Noël! Noël!* La guerre pesait à tous (1)!

Le même serment fut répété par Charles VII à la cour de Bourges et par le duc de Bourgogne, alors à Dijon, qu'il embellissait de ses églises et palais. Le roi de France, brave comme un paladin de chevalerie, sous l'influence d'Agnès Sorel, était néanmoins fatigué de la guerre qui créait tant de désordre, tant d'insolence de la part des chefs de gens d'armes alors autour de lui! Ces chefs se battaient entre eux même en petits corps de lance; les plus dévoués étaient insupportables (2). La Hire, par exemple, à chaque moment, entrait chez le roi pour lui dicter des conditions, et lui imposer même ses caprices : la paix faisait cesser ce grand désordre et cette domination des gens de guerre insubordonnés. Elle donnait à Charles VII l'appui du duc de Bourgogne : ces deux princes versèrent d'abondants pleurs sur les attentats du passé; Charles VII, tout ému, jura de châ-

---

(1) Toutes ces cérémonies se trouvent décrites dans Monstrelet, 1435.

(2) Dans Olivier de la Marche, 1434-1435.

tier les assassins de Jean de Bourgogne, promesse vaine, car c'étaient ses amis. Mais l'expiation commença par des chants funéraires; les chartreux qui devaient occuper le monastère de Montereau vinrent en procession jusque dans la chapelle expiatoire, et là, au chant du *miserere*, ils appelèrent le pardon de Dieu sur les assassins.

Le conseil du roi d'Angleterre sentit profondément toute la portée du traité d'Arras; quand les hérauts d'armes de Bourgogne vinrent à Londres pour annoncer la paix avec Charles VII, les lords du conseil privé manifestèrent une vive indignation; le jeune roi Henri VI se prit à pleurer, disant tout haut « qu'il avait perdu son royaume de France (1). » Il remarqua avec douleur que dans le message du duc, naguère son féal ami, il ne lui donnait plus le titre de roi de France comme par le passé, et cette omission fut pour lui très-amère; le peuple anglais fut indigné contre les Bourguignons, et les marchands flamands qui rési-

(1) Voici ses paroles : « Je vois bien que mon bel oncle de Bourgogne a été déloyal envers moi et s'est réconcilié avec lui ; cela mettra en péril les seigneuries que j'ai en France. » On a dit même que le duc de Bedford était mort de chagrin, erreur chronologique ; le duc-régent était déjà mort lors de la signature du traité d'Arras.

aient à Londres pour leur commerce s'en ressentirent ; quelques-uns même furent pillés, tant la multitude trouvait indigne que les Bourguignons eussent trahi l'alliance qui les unissait aux Anglais dans une cause commune.

XIII

Les corporations et halles de Paris. Restauration de Charles VII.

(1435 — 1438.)

La dure nécessité d'un pouvoir qui s'affaiblit, c'est de devenir soupçonneux, sévère, et quelquefois même cruel, jusqu'à ce qu'il tombe. Ainsi étaient les Anglais après la mort du duc de Bedford et l'attiédissement de l'affection des Parisiens à leur égard. Ils avaient même manqué d'habileté populaire en ne rendant aucun honneur à la reine Isabeau de Bavière autour de son cercueil : le cercle de leurs amis s'était resserré dans les halles ; parmi les métiers où ils étaient naguère tant aimés : on disait qu'ils faisaient plus pour la

Normandie que pour Paris (1). Ils avaient exigé des Parisiens un nouveau serment de fidélité à Henri VI, roi de France et d'Angleterre, sorte de garantie qui sert peu dans les crises. On avait fait une proclamation pour annoncer aux loyaux sujets que le duc d'York était nommé régent du royaume au nom du roi Henri VI; mais les affaires étaient en si mauvais train que le duc n'était pas même passé sur le continent et la direction du gouvernement anglais en France était laissée à des chefs de guerre très-braves, qui faisaient des courses de droite et de gauche sans suite à Saint-Denis, à Pontoise ; on se battait bien de part et d'autre, avec désespoir ; les environs de Paris étaient ravagés.

Le parti des Anglais avait cependant encore une force à Paris dans les classes populaires, aux halles, et ceci pour plusieurs motifs : quand les partis, je le répète, ont conçu certaines haines, certaines répugnances, ils préfèrent toute chose, toute solution au triomphe du pouvoir qu'ils détestent et qu'ils ont brisé ; la patrie disparaît à leurs yeux et l'étranger au besoin devient un appui, une espérance. Ce qui faisait la force des

(1) Un édit ou bill de Henri VI, roi de France, fondait l'université de Caen. Ces lettres de Henri *ad perpetuam rei memoriam* sont datées de Rouen, la ville aimée.

Anglais, c'est qu'il y avait une multitude de gens compromis à l'égard de Charles VII : le parlement, le Châtelet, le prévôt, les échevins, tous s'étaient prononcés pour Henri VI ; ils avaient salué son pouvoir et secondé le duc de Bedford ; n'avait-on pas à craindre une réaction, une vengeance, si Charles VII triomphait ?

D'autres causes, au contraire, secondaient la restauration du roi : la paix avec le duc de Bourgogne donnait une direction nouvelle à la politique de Charles VII ; la croix de Saint-André, si aimée des halles, s'unissait aux fleurs de lys. La main qui secondait alors la restauration de Charles VII avait naguère dirigé elle-même la révolte : il n'y aurait plus de coupables dès que le plus grand des coupables était non-seulement amnistié, mais placé à la tête de la politique de Charles VII. On faisait circuler presque publiquement à Paris des lettres d'oubli et d'abolition du passé émanées de Charles VII : le roi s'engageait à ne jamais revenir sur ce qui s'était fait à Paris, pourvu que désormais l'obéissance fût sincère (1). Le duc de Bourgogne enfin,

---

(1) Ces lettres d'abolition avaient été données à Poitiers en février 1435. On les trouve dans les preuves de l'*Histoire de Charles VII*, p. 795. Elles ne furent publiées légalement à Paris qu'en avril 1436.

impatienté de ce que le conseil d'Angleterre rejetait avec obstination les conditions de la paix, lui déclarait incontinent la guerre. Dès ce moment, les archers bourguignons parurent aux environs de Paris ; la croix de Saint-André se montra non loin des remparts, aux portes de la ville, avec des chefs anciennement connus et aimés des halles, surtout le maréchal de Lisle Adam, un des plus ardents du parti bourguignon, autrefois le plus compromis à l'encontre du dauphin. Avec un tel rebelle converti à Charles VII, les bourgeois si longtemps révoltés pouvaient parfaitement traiter comme compères et compagnons ; si on lui ouvrait les portes, on n'avait pas à craindre les représailles, d'autant plus qu'il ne s'agissait encore que de rendre Paris au duc de Bourgogne, sans qu'il fût question du drapeau fleurdelysé de Charles VII (1). Les restaurations souvent se font par les chefs de la rébellion fatigués, quand ils trouvent sécurité et avantage, et qu'une transaction peut finir la guerre civile.

Les portes de Paris furent donc ouvertes

---

(1) Le chef de la bourgeoisie qui prit le plus de part à la restauration fut un drapier du nom de Pierre Lhuilier ou Lallier (*Journal de Paris ad ann.* 1436).

secrètement par quelques chefs de la bourgeoisie au maréchal de Lisle Adam, et il ne se groupa autour des Anglais que les implacables ennemis de la restauration, c'est-à-dire la multitude à laquelle le désordre et la confusion ne déplaisent pas (1). Presque surpris, les archers anglais, sous lord Willougby, se retirèrent avec ordre et un courage invincible jusqu'aux portes de la Bastille, de Vincennes et de Bicêtre, qui restèrent leurs points fortifiés. Le maréchal de Lisle Adam et les Bourguignons devinrent les maîtres de Paris, premier pas vers la restauration de Charles VII; le soir, il fut lu aux flambeaux une ordonnance « qui déclarait abolis et oubliés toutes fautes et actes du passé accomplis contre notre seigneur le roi (2). » Cet édit était destiné à raffermir les plus timides, à rassurer les consciences coupables, tandis que les Anglais, enfermés dans la Bastille, tiraient encore quelques coups de couleuvrine sur la ville; Dunois, le maréchal de Lisle Adam, le connétable comte de

(1) Le chef des hailes dévoué aux Anglais était le boucher Legoix, un des noms très-connus dans les révoltes sous Charles VI. La reddition de Paris eut lieu le mercredi de Pâques, en avril 1436.

(2) C'était l'édit de pacification donné à Bourges, dont j'ai parlé.

Richemont avec les chevaliers et les archers du roi et de Bourgogne réunis vinrent mettre le siége devant la Bastille, avec l'espérance de la faire capituler. Quelques jours après, la Bastille et Wincester (Bicêtre) se rendirent et les Anglais ainsi abandonnèrent entièrement la ville de Paris qu'ils occupaient depuis plus de vingt ans. La mort du duc de Bedford avait bien affaibli leur popularité ; ils n'étaient plus qu'un corps d'occupation étrangère qui pesait sur la ville. Le duc faisait libéralement travailler, et Paris lui devait des monuments municipaux, des églises, des hôtels et même des aqueducs ; le duc de Bedford avait en sa personne quelque chose de sérieux et d'agréable ; mais les capitaines anglais, lord Willougby surtout, déplaisaient par la sécheresse de leurs manières, le ton impératif de leurs commandements (1) ; ils portaient si peu de soin aux affaires de la ville qu'ils laissaient les maisons dépérir, les halles moitié en ruines, comme gens qui savaient bien

(1) Déjà on dépopularisait le duc d'York qui avait remplacé dans sa régence le duc de Bedford.

> Et bien la peau nous fourbirons
> A la venue du duc d'York ;
> Retournez vers le vent du Nord
> Et ne parlez plus de combattre.
> Que la fièvre vous puisse abattre !

que tôt ou tard ils seraient obligés de quitter la cité. On chantait des couplets contre les Anglais :

> Le mieux est de partir sur l'heure
> Et de ne plus faire ici demeure.

La nouvelle de la reddition de Paris trouva le roi encore à Bourges et à Chinon ; il paraissait ne se soucier guère de revenir en sa bonne ville, après ce qui y était advenu, d'autant plus que les nouvelles n'étaient pas bonnes : on faisait toute espèce de concessions aux bourgeois et au populaire ; le passé paraissait si bien oublié que les chefs les plus mutins de la rébellion étaient rappelés, même les bouchers Sainct-Yon et Legoix, les principaux instigateurs des émeutes (sortis avec les Anglais). Le parlement, dévoué à Henri VI qui avait siégé à Paris était confirmé dans ses fonctions, quoiqu'il y eût un parlement royal à Poitiers auprès du roi légitime (1). Toutes ces garanties paraissaient insuffisantes aux gens compromis ; on murmurait beaucoup ; cette bourgeoisie, ces halles qui payaient volontiers des surtaxes au temps de l'insurrection, s'exclamaient aigrement à la moindre levée des deniers que nécessitaient les

(1) Une fraction de ce parlement fut réunie à celui de Paris.

besoins de la guerre. Telle est la plaie des restaurations : elles s'épuisent à bien faire et ne sont guère considérées que comme un gouvernement de réaction, à moins qu'un pouvoir fort (comme le fut Louis XI) ne coupe court aux mécontents par une fermeté inflexible (1).

Cependant le connétable écrivait au roi Charles VII que sa présence était indispensable au bon gouvernement de Paris et de la France. Agnès Sorel venait de décider le roi à assiéger Montereau, point important pour unir le Midi au centre de la monarchie. Montereau pris, le roi dirigea son armée sur Melun, Fontainebleau, puis laissant la forêt de Sénart à sa gauche, il marcha sur Vincennes, Bagnolet, Pantin (2).

Le 12 novembre 1437, le roi Charles VII, que Dieu garde, vint coucher à Saint-Denis, dans cette abbaye qui naguère avait donné royal asile à Henri VI, le jeune roi anglais, lors de son entrée solennelle à Paris. Le lendemain, Charles VII vint à la Chapelle Saint-Denis, où le prévôt des marchands, les échevins, suivis de leurs arbalétriers accoururent le rece-

---

(1) C'est à ce point de vue que j'étudierai le règne de Louis XI.

(2) Charles VII craignait d'aller droit à Paris (Monstrelet, 1437).

voir (1). Il y eut la répétition des mêmes cérémonies, des mêmes fêtes que pour le roi anglais Henri VI; les mêmes draperies blanches et bleues, les mêmes sergents avec leurs chaperons rouge et vert : le recteur et les membres de l'Université qui naguère avaient proscrit le roitelet de Bourges l'acclamèrent; on lui présenta les mêmes clefs qu'on avait offertes au roi Henri VI. Au clos Saint-Lazare, on fit descendre du ciel l'écu de France par les mêmes anges qui naguère avaient descendu l'écu d'Angleterre : les poëtes firent les mêmes vers à la louange de Charles VII.

> Très-excellent roi et seigneur,
> Les manants de votre cité
> Vous reçoivent en tout honneur
> Et en très-grant humilité.

On se servit du même dais d'azur, seulement on le fleurdelysa d'or au lieu d'y laisser les léopards de gueule; les fontaines jetèrent du vin blanc et rouge et de l'hypocras; on joua les mystères; on criait aussi *Noël!* Pour qui le peuple de Paris n'avait-il pas crié Noël? Les

(1) *Chronique de Saint-Denis; Journal d'un bourgeois,* dans Sécousse. Il est une chronique qu'on ne saurait trop consulter, Martial de Paris : *Vigiles de la mort du feu roi Charles VII, en neuf psaumes et neuf leçons, contenant la Chronique.* Paris, 1493, in-4.

ornements qui avaient servi à Notre-Dame pour couronner Henri VI furent également employés pour les vespres et vigiles qui furent dites pour Charles VII, et l'on appela les mêmes bénédictions du ciel. Les gouvernements changent, les cérémonies et les adulations jamais !

XIV

Charles VII et Agnès Sorel à Paris.
(1437—1439.)

Parmi les dames et damoiselles qui accompagnaient la reine à Paris, lors de son entrée solennelle, les bourgeois et manants en avaient remarqué une, belle entre toutes, splendidement parée de perles et de diamants, montée sur une riche haquenée; le peuple la nommait et disait que c'était madame Agnès Sorel, la compagne des joies du roi, et comme parmi la foule, la restauration de Charles VII avait beaucoup d'ennemis, des murmures s'élevèrent contre celle que l'évêque de Thérouine (si aimé à Saint-Eustache) avait appelée la nouvelle Hérodias et désignée comme une bête de l'Apocalypse. Aussi, Agnès Sorel, instruite de ces murmures, s'écria dans un moment de tristesse : « Les Parisiens ne sont que vilains; si j'avais su qu'ils ne m'eussent pas fait plus d'honneur, je n'aurais jamais mis le pied dans leur ville (1). » Agnès Sorel avait le sentiment des services qu'elle avait rendus au roi en réveillant son apathie; la restauration n'étant pas populaire, tout ce qui l'avait aidée n'était pas aimé des Parisiens; on pouvait se rappeler avec quel acharnement ils avaient poursuivi Jeanne d'Arc; l'accusation était venue de Paris (2).

Cependant le peuple n'avait pas tort dans ces tristes murmures contre tant de luxe et de richesse étalés au milieu de tant de misères ! L'hiver avait été bien rude; on eut cent trente trois jours de gelée si forte que la Seine fut prise à ce point que les charrettes la passèrent à sec ; il en était résulté la famine, des maladies de contagion et de pauvreté; la *Chronique de Saint-Denis* dit que les loups avaient envahi la ville, qu'ils dévoraient les vivants et déterraient les morts, même dans le cimetière des Saints-Innocents (3). Une charte

---

(1) Jean Chartier.

(2) Voir chapitre 7.

(3) *Chronique de Saint-Denis ad ann.* 1437-1438.

du roi accorda une prime de 17 sols tournois à tout homme, archer ou bourgeois, qui rapporterait une tête de loup : n'était-il pas odieux de voir le contraste de tant de misère et de ce luxe effréné qu'on déployait dans les fêtes de Paris, aux Tournelles ou au vieux Louvre (1) ?

Les fêtes de ce temps avaient un caractère particulier; elles offraient un mélange de pompes mondaines et de théologie; aux Tournelles, on représenta les scènes de la passion : on avait élevé une fontaine surmontée d'un lys d'une grandeur démesurée, dont la fleur et les feuilles versaient des flots d'hypocras; au milieu de la fontaine, des dauphins en bois argenté s'agitaient sur la surface de l'eau; au bout d'une terrasse, saint Jean-Baptiste montrait l'Agneau céleste entouré d'anges qui chantaient des cantiques et, à côté, saint Thomas, saint Denis, saint Maurice et autres bienheureux; au-dessous, sainte Geneviève filait, comme dans la légende. Les mystères de la passion étaient joués par les pèlerins de Palestine, qui chantaient :

> Ci gist l'amère passion
> De notre sauveur Jesus-Christ

(1) Le roi venait de convoquer les États généraux à Orléans (1437). *Recueil des États généraux*, t. IX, p. 134.

> Et sa crucification
> Et de Juda le grand delit
> Qui en un arbre se pendit
> Par sa grande desesperance ;
> D'où en enfer il descendit
> Où est puni de son offense (1).

A ces idées pieuses se mêlaient les plaisirs mondains, les bals, les mascarades, où présidait Agnès Sorel, alors appelée dame de Beauté; ce nom, qui allait si bien à sa gentille personne, lui fut donné à cause du plaisant *manoir de Beauté-sur-Marne*, construit par le roi Charles V, et déjà chanté par Eustache Deschamps, dans une de ses ballades (2) :

> Sur tous les lieux plaisans et agréables
> Que l'on pourrait en ce monde trouver
> Édifié de manoirs convenables,
> Gais et jolis pour voire et demourer
> Joyeusement, puis devant vous prouver
>   Que c'est à la fin du bois
>   De Vincennes que fit faire le roi
> Charles que Dieu donne paix, joie et santé,
> Son fils aîné dauphin de Vienois
> Donna le nom à ce lieu de *Beauté*.
>
> Et c'est bon droit, car moul est délectable ;
>   L'on y oit le rossignol chanter,

(1) Recueil de gravures (Biblioth. impériale).

(2) Une grande partie des poésies d'Eustache Deschamps est encore manuscrite ; c'est le poëte qui a le mieux décrit les temps de chevalerie et les mœurs des tournois.

Marne l'enceint, les hauts bois profitables
  Couvrent les daims,
Des oiselets ouïr la doulce voix
Dans la saison de printems et d'été
Où gentil mai qui est si noble mois
Donna ce nom à ce lieu de *Beauté.*

Les prés enceignent les jardins délectables
Les beaux preaulx, fontaine belle et clere,
  Vignes aussi et les prés arables
Moulins tournans, beaux plains à regarder
  Et beaux viviers pour les poissons
Où l'on peut se retraire en sureté,
Pour tous les points le beau prince courtois
Donna ce nom à ce lieu de *Beauté.*

Ce fut le gracieux manoir de Beauté, que Charles VII donna, avec toutes ses dépendances, à Agnès Sorel, qui prit désormais le nom de dame de Beauté; ce fut ainsi qu'on la désigna dans les ballades, aux cours plénières et qu'elle signa les chartes historiques.

Dans ce château de Beauté, Charles VII venait souvent retremper son courage, au milieu des tristesses et des découragements de sa restauration. Le roi avait Paris; mais les Anglais possédaient encore la Normandie, la Guyenne, toute la Gascogne. A dix lieues de Paris, l'étendard au léopard se montrait tout flamboyant d'orgueil, et Pontoise était la ville de guerre des Anglais. Un grand désordre régnait dans les armées de Charles VII. On assistait aux troubles de la Jacquerie, tumulte de paysans et de serfs ; les chefs des grandes compagnies aspiraient à reprendre leur ancienne domination sur le conseil de Charles VII (1). Ce fut Agnès Sorel qui rendit au roi toute son énergie. Comme l'impôt venait mal, et que les États généraux, réunis à Orléans, ne donnaient rien qu'à de très-dures conditions, Agnès Sorel engagea son ami Jacques Cœur à faire de lourdes avances, jusqu'à dix millions d'écus, pour recouvrer la Normandie par la force des armes.

Le triomphe définitif du roi dans la guerre engagée dépendait de la prise de Pontoise, occupé par les Anglais, sous le brave Talbot. Le roi avait autour de lui la fleur de la chevalerie, Saint-Paul, Lahire, Xaintrailles, et Chabannes lui-même. Agnès Sorel vint sous la tente pour réveiller l'énergie du roi et sa force de volonté. Le siége dura longtemps, et, comme les héros d'Homère, assiégeants et assiégés s'insultaient

(1) Le plus hardi, le plus insolent de tous était Chabannes; le roi lui dit un jour : « Les Anglais appellent Blanchefort et vous capitaines des écorcheurs. » Chabannes répondit: « Quand j'écorche vos ennemis, leur peau vous profite plus qu'à moi. » (Comparez Jean Chartier, Monstrelet et la *Vie de* Chabannes.)

à la fois ; les Anglais chantaient contre les Français toute espèce de railleries.

> Vous contrefaites les vaillans
> Il semble qu'ayez tout conquis (1) ;
> Vous vous dites bons bataillans
> Dès l'heure que fûtes naquis.
> Bien paraît qu'être fort peureux,
> Oncques ne fûtes si heureux
> De nous venir aux champs combattre,
> Grand orgueil est bon à rabattre.

A ces insolentes paroles, les Français répliquaient :

> Votre grand orgueil rabattrons
> Et bien la peau vous fourbirons
> A la venue du duc d'York,
> Tous les natifs de Normandie
> Qui ont votre parti tenu
> Sont traîtres, je n'en doute mie,
> Autant le grand que le menu.

Ce fut durant le siége de Pontoise que se passèrent les plus belles, les plus nobles scènes de la chevalerie, les combats, corps à corps, à la lance, à l'épée, à la masse d'arme ; la chevalerie ennoblissait les plus impitoyables coups de la guerre !

(1) A ce moment, la chevalerie française n'avait obtenu aucun succès décisif, et le roi était obligé de se réfugier à Saint-Denis ; les Anglais reparurent devant Montmartre (*Chronique de Saint-Denis*, 1440-1441).

XV

La chevalerie au quinzième siècle.

Dans la période agitée, violente, qui se développa et s'accomplit depuis le règne du roi Jean jusqu'à Charles VII, la belle institution qui avait dominé et épuré le moyen âge, la chevalerie, s'efface et disparaît presque entièrement et c'est en vain qu'un demi-siècle plus tard, François Ier veut la réveiller (1) ; la grande chevalerie trouva son tombeau à Créci, Poitiers, Azincourt. Tout ce qui meurt laisse un vide, inspire un sentiment de tristesse, et c'est avec une certaine mélancolie que je vais étudier la chevalerie et pénétrer son vrai caractère dans notre histoire.

Les érudits qui ont cherché l'origine de la

---

(1) Voyez ma *Diane de Poitiers*.

chevalerie dans la froide et aristocratique institution des Romains ont pris le nom pour la chose : la chevalerie romaine était un titre, une dignité, une prérogative, pour s'asseoir au Cirque et dans les comices (1). Cette origine ne se trouve pas davantage dans les forêts de la Germanie, où Montesquieu a même été chercher la féodalité; il y avait chez les Germains du courage, un certain respect pour la femme, une religion pour les divinités qui, sous les grands chênes, à l'abri des buis sacrés, rendaient des oracles; mais là n'était pas la chevalerie, comme institution, avec ses beaux sentiments, ses obligations saintes, son inflexible loi du devoir. Les paladins de Charlemagne, si gigantesques qu'ils pussent être, avec leurs grands coups d'épée (2), leurs lames enchantées, leurs masses d'armes : Rolland, Otger le Danois, le duc Naymes, n'étaient pas les chevaliers tels que le moyen âge les salua depuis dans les manoirs et aux champs de bataille.

Le dixième siècle, qui vit s'accomplir la chute

---

(1) *Introduction aux mémoires sur la chevalerie*, par MM. de Sainte-Palaye. Du Cange, *Gloss. latin*, voc. *Miles militaris*.

(2) Les épopées de Charlemagne datent toutes des douzième et treizième siècles.

des Carlovingiens, fut un temps de désordre et de confusion ; l'organisation gallo-romaine, celle qu'avaient maintenue dans ses vestiges les *missi dominici* de Charlemagne et de Louis le Débonnaire, n'avait plus laissé trace ; le territoire des Gaules, au nord et au midi, offrait l'aspect d'un vaste désert ; les chartes du dixième siècle ne parlent que des forêts immenses, des champs couverts de ronces, peuplés d'animaux sauvages ; les hommes d'armes étaient à peine arrêtés dans leur violence par la sainteté des monastères, le récit des légendes, les coquilles et la panetière du pèlerin, et, par la prière du pauvre ermite, comme perdu sur le sommet des montagnes, ou dans les profondes épaisseurs des bois ; Cîteaux, Clairvaux, saintes abbayes, combien vous fûtes souvent un abri contre les hommes de force et de violence ! Pauvres veuves, orphelins, combien pour vous l'oppression fut grande ! La légende flamande de Geneviève de Brabant et de son traître sénéchal est la peinture la plus vraie du dixième siècle (1).

A ce moment, sous l'influence de la pensée de l'Église, un ordre se fonda, celui de la chevalerie, avec la mission de défendre le faible

---

(1) J'ai décrit ces temps dans mon *Philippe-Auguste*.

contre le fort, le droit contre la violence, le devoir contre l'oppression.

> La veuve et l'orphelin defendre,
> Estre hardi et le peuple garder,
> Prudommes, loyaux, sans rien de l'autruy prendre,
> Ainsi se doit chevalier gouverner (1).

La chevalerie fut un ordre véritable auquel on ne parvenait qu'après de longues épreuves et une éducation particulière. Dès que l'enfant pouvait marcher seul dans le manoir, il était page, varlet ou damoiseau (2) ; Jehan de Saintré, le jouvencel, à l'âge de treize ans, était déjà enfant d'honneur du roi Jean ; aux pages et varlets, on commençait à enseigner l'amour de Dieu et des dames, qui leur apprenaient elles-mêmes l'art de les servir loyalement, comme le dit *la dame des belles cousines*. La doctrine de secourir le faible et le petit était la plus recommandée : « La courtoisie qu'on fait aux petits vient de franc et doulx cœur et le

---

(1) Eustache Deschamps dit encore :

> Chevalier en ce monde-ci,
> Ne peuvent vivre sans souci.
> Ils doivent le peuple défendre
> Et leur sang pour la foi espandre.

(2) *Ordre de chevalerie*, fol. 2.

petit à qui on la fait s'en tient pour honoré (1). »

C'était après ce long et doux apprentissage, qu'on était élevé au rang d'écuyer ; l'écuyer portait l'écu, la lance du chevalier, et tenait son cheval par la bride : « Ce voit venir monseigneur Gauvain et deux escuyers dont l'un menait son dextrier en destre et portait son glaive et l'autre son haume et l'austre son écu. » L'escuyer ne pouvait monter que sur un ronsin, cheval de maigre apparence (2).

> Le chevalier erra pensant
> Et l'ecuyer chevaucha avant
> Sur son roucin à grand alure.

« J'ai ouï dire aux anciens capitaines, dit Brantôme, que les premiers escuyers du roi de France devaient toujours être auprès d'eux. » Et ce devoir d'écuyer n'avait rien de déshonorant, d'abaissé, auprès des simples chevaliers.

> Les jeunes gens poursuivaient
> Lances et bucines portaient
> Des anciens chevaliers
> Les coustumes apprenaient
> De chevaucier... (3).

(1) Comparez les deux beaux livres, *Traité de l'espée française*, par Savaron, le *Théâtre d'honneur*, de Favin, et le père Ménétrier, *Traité de la chevalerie ancienne et moderne*.

(2) Roman de *Lancelot du Lac* et Perceforet, 22 fol. 3.

(3) Poésies manuscrites d'Eustache Deschamps, p. 77, col. 1 et 2.

Après un long stage d'écuyer, on était admis au titre de chevalier, à la suite d'un tournoi et de grandes prouesses ; car toute chevalerie avait la prééminence, honneur et avait plus haut office que mille hommes d'armes ; aussi, ne fallait-il pas s'étonner des graves cérémonies qui accompagnaient la réception d'un chevalier : « Celui qui donne l'ordre de la chevalerie doit savoir de celui qui le demande à quelle intention il souhaite de l'obtenir ; car, si c'est pour être riche, pour se reposer et être honoré, sans faire honneur à la chevalerie, il en est indigne (1). » L'écuyer qui voulait recevoir l'ordre de la chevalerie devait s'agenouiller : « Et le chevalier lui doit ceindre l'espée en signifiance de chasteté, justice et charité. » Le but donc de l'ordre était de rappeler l'équité, la douceur, la charité, au milieu de cette société du moyen âge, en invoquant Dieu, Notre-Dame et monseigneur saint Denis. Quelquefois, une simple damoiselle, symbole de la faiblesse, armait le chevalier : « de ses belles, blanches et délicates mains, commença à lacer l'esguillette et courroyes de l'armure. »

« Office de chevalier est de maintenir femmes, veuves, orphelins et hommes mal aisés et non

---

(1) Chevalier de la Tour *Guidon des guerres :* « Les signes du fort chevalier, » fol. 90.

puissans. « D'après le roman de *Lancelot du lac*, les conditions du chevalier sont, savoir : force, hardiesse, gentillesse, débonnaireté, courtoisie et largesse. »

> Des vaillans les prouesses comprendre
> Afin qu'il puisse les grands faits achever,
> Comme jadis fist le roi Alexandre,
> Ainsi se doit chevalier gouverner (1).

Ce fut au milieu de la société violente du dixième siècle, que parut et se développa cette belle association religieuse et militaire, qui, au courage le plus aventureux, unissait la générosité la plus haute, l'abdication la plus absolue de toute personnalité, de toute force brutale ; elle substitua la courtoisie, la politesse, à cette vie égoïste et barbare des seigneurs francs et germaniques de la première et de la deuxième race (2). A côté de la chevalerie, se régularisa la féodalité, ce beau et grand système qui rétablit la hiérarchie, les liens d'obéissance et de respect entre tous, dans la confusion de toutes les idées ; les rangs, la propriété, tout fut organisé dans un ordre si parfait de fiefs, d'arrières-fiefs qu'en définitive tout le royaume se ratta-

---

(1) Poésies d'Eustache Deschamps, fol. 309, n° 4.
(2) La Colombière, *Théâtre d'honneur et de chevalerie*.

chait à la tour du Louvre. La chevalerie et la féodalité fondèrent la société et le gouvernement en France et donnèrent aux mœurs cette politesse, cette courtoisie qui resta comme le type élevé du caractère national ; les chevaliers se vouèrent au culte de la faiblesse, au symbole de la Vierge Marie, qui régna sur le moyen âge pour grandir la condition de la femme.

Quel plus beau caractère que celui du chevalier errant! Qu'il fut coupable, Michel Cervantes, de le tourner en ridicule, dans Don Quichotte, et d'exalter Sancho, le penseur matérialiste le plus égoïste, le plus sensuel! Voyez le chevalier errant! il appartenait souvent à à un haut lignage, rois, princes, barons; il pouvait vivre heureux dans son manoir, entouré de fêtes, de tournois, enivré de festins et de belles amours; tout à coup, il abandonnait ces délices, et pourquoi ? Pour accomplir un vœu de chevalerie, battre les forêts profondes, protéger la femme, l'orphelin, sans s'enquérir de la récompense, et, sans même s'occuper de la vie matérielle : le chevalier errant couchait sur la dure (1), poursuivant le dépouilleur du faible,

(1)   Qui bien et mal ne sait souffrir,
A grant honneur ne peut venir.
(*Petit Jehan de Saintré*, p. 136.)

l'injuste féodal ; tout à coup, il apparaissait dans les combats judiciaires, pour prendre la défense de l'accusé délaissé ; quels nobles sentiments devait inspirer la lecture de ces Chansons de gestes qui avaient la chevalerie pour sujet ? Ces existences étaient étranges ; on reconnaissait au loin le chevalier qui, la visière baissée, apparaissait tout à coup pour protéger une cause perdue : c'était le chevalier du Cygne, de la Licorne, au panache blanc ou noir ; d'où venait-il ? quel était son nom, son manoir ? On l'ignorait, et, néanmoins, on l'entourait de renommée et de respect. S'il était blessé, autour de lui se groupaient de nobles demoiselles, pour soigner ses blessures, les guérir avec des baumes qu'on disait enchantés : science admirable des châtelaines ! « Il semble que vous avez vostre bras mal à l'aise. — Par ma foi, reprit le chevalier, s'il en est ainsi, je vous prie, madame, que garde y veuillez prendre. Lors, la dame appela une sienne fille qui se nommait Hélène, qui prit garde à son bras, trouva qu'il était hors de son lieu, et fit tant qu'elle lui remit (1). »

De cette noble chevalerie, qui avait tant

___

(1) Perceforest, mss., fol. 169.

grandi, épuré la société, quelles furent les causes d'affaiblissement et de décadence ? L'invention des armes à feu, à mon sens, fut plutôt un changement dans l'ordre et le sort des batailles, que dans les sentiments de courage et d'honneur ; ces sentiments s'altérèrent surtout par le contact des mercenaires étrangers, par l'introduction, dans les armées, des archers lombards, gens d'armes salariés, manants des communes. Au milieu de tous ces mercenaires, incontestablement braves, mais pillards et sans conscience, la chevalerie pouvait-elle rester pure et se maintenir dans sa généreuse folie de dévouement ? Elle avait été vaincue, presque détruite à Crécy, Poitiers et Azincourt ; elle se traînait tristement sous le roi Charles V, prince procédurier, au milieu des désordres bourgeois et des sentiments intéressés des soudards et gens de métiers de Gand, de Malines, de Bruxelles et de Paris (1).

Depuis le roi Jean, la chevalerie fut en pleine décadence ; Eustache Deschamps dénonce déjà ce triste changement dans les mœurs grandes et généreuses :

---

(1) *Les Vigiles* de Charles VII se plaignent déjà de cet esprit de lucre :

Marchandise lors estait en sa vogue

> Or Mesbahis quand chacun jongle et ment
> Car meilleur temps fut le temps ancien (1)
> S'arment, savetiers et charbons (charbonniers)
> Escuyers s'appellent garçons
> Or est venu le temps
> Et or est la raison
> Plus apartient bordiaux
> Qu'il n'a autre maison (2).

Sans doute, à toutes les époques, il exista des enthousiastes des temps anciens, aux dépens des contemporains; mais la grande chevalerie du moyen âge finit aux premiers Valois; ce fut alors une nouvelle société militaire aux mains des chefs des compagnies soldées et des révoltés des halles et métiers; la chevalerie restait encore de nom; mais elle n'existait plus que dans le passé; les grands désordres dominaient, mais sans moyen de répression par le sentiment du devoir et de l'honneur. La société du quinzième siècle prit un caractère cruel et

> En son grant bruit triomphe et s'en gogue
> Pour les grands biens
> Que l'on gagnait pour soi et pour les siens.

(1) Eustache Deschamps, poésies manuscrites, fol. 160, col. 2.

(2) Aussi le poëte exalte-t-il les temps anciens :

> Les chevaliers étaient vertueux
> Et par amour pleins de chevalerie.

sanguinolant (1) ; le moyen âge était pur de ces excès ; il régnait sur la société chevaleresque une empreinte de générosité loyale ; on trouvait épars bien des châtelains farouches et cruels ; mais la chevalerie errante était là pour assiéger et démolir ces nids où le vautour se mettait à l'abri ; on se battait loyalement, bercé par la légende et par le chant des trouvères et des troubadours !

Il n'en fut plus ainsi, quand les étrangers mercenaires, les halles, les métiers, les chefs des grandes compagnies parurent dans la guerre ; la cruauté prit le dessus ; les annales du quinzième siècle sont horribles à lire : comme la chevalerie errante n'existait plus pour réprimer les violences des grands féodaux, ils restèrent avec ce qu'ils avaient de farouche et d'implacable ; on lit des récits qui font frémir dans la guerre des Bourguignons et des Armagnacs. Ce n'était pas ici de la chevalerie ; la seule empreinte qu'elle laissât fut l'esprit gentilhomme, la galanterie, les sentiments exquis et exaltés qui se transmettent dans une portion de la noblesse française ; de même qu'au moyen

---

(1) La lecture de Brantôme constate une profonde indifférence dans la cruauté parmi les hommes d'armes du seizième siècle.

âge, le culte de la Vierge éleva la femme, l'émancipa dans ses plus nobles instincts; de même la chevalerie forma la belle portion de notre caractère national, ce qui lui reste de patriotisme et de dévouement, l'abnégation du soldat, la gloire des armées.

XVI

Le dauphin. — Ses haines contre Agnès Sorel.

(1438—1441.)

Le plus persévérant des ennemis d'Agnès Sorel fut le dauphin (depuis Louis XI). A cinq ans, fiancé à Marguerite d'Ecosse, dans les jours les plus difficiles de Charles VII à Bourges, il avait accueilli avec déférence sa jeune épouse, d'un caractère mélancolique et d'une douce poésie. Le dauphin lui-même était fort lettré : Marguerite, une des pierres précieuses de la cour de Charles VII, aimait les vieilles chansons des trouvères et des troubadours ; un peu follement éprise des beaux vers, on dit qu'un jour, ayant trouvé maître Alain

Chartier (1) endormi dans un des appartements du château de Chinon, elle l'avait baisé sur la bouche pour aspirer les beautés de sa poésie, action d'un enthousiasme indiscret, qui n'allait pas aux idées du dauphin, habituellement inquiet et frondeur.

Dans l'origine de sa vie, le dauphin s'était conduit en intrépide et digne chevalier ; à la suite du roi, son père, il avait bravement combattu dans les batailles et les siéges ; il s'était fait des amis de presque tous les mécontents qu'irritait la faveur nouvelle d'Agnès Sorel que le dauphin avait prise en répugnance. Après l'entrée de Charles VII à Paris, avait éclaté un soulèvement de grandes compagnies et de paysans, une praguerie, comme on le disait alors à cause des révoltes de Bohémiens qu'avaient suscitées Jean Hus et Jérôme de Prague. Sous l'influence d'Agnès Sorel, Charles VII avait combattu cette praguerie, secondée par les chefs des gens d'armes (2) ;

---

(1) Deux livres des poésies d'Alain Chartier avaient spécialement frappé Marguerite d'Écosse : c'étaient la *Belle dame sans merci* et les *Demandes d'amour*. Toutes deux se trouvent dans la rare édition de Galliot Dupré. Paris, 1529, in-4.

(2) Les principaux chefs de la praguerie étaient le bâtard de Bourbon, le sire de Boucicault, le Sanglier, etc. (1440).

il est rare qu'un changement dans l'organisation militaire (le passage du désordre à l'ordre) ne produise pas ces sortes de rébellions. Le dauphin, un moment à la tête de cette praguerie, fit sa soumission forcée, sans jamais pardonner à Agnès Sorel d'avoir armé le roi. Agnès s'était liée de la plus vive amitié avec Marguerite d'Ecosse, âme chevaleresque et enthousiaste; Marguerite d'Ecosse, soupçonnée par le dauphin d'avoir trahi sa foi, mourut à vingt ans, en prononçant ces tristes paroles : « Fi! de la vie, qu'on ne m'en parle plus (1). »

Le dauphin, devenu libre après la praguerie vaincue, parut se réconcilier avec Agnès Sorel et servit avec fidélité et courage le roi Charles VII dans la guerre contre les Anglais; ceux qui ont représenté Louis XI depuis son avénement, comme un prince couard, bourgeois, fuyant la guerre, n'ont pas étudié cette première partie de sa vie; il fut un des capitaines les plus braves des troupes; on le vit au siége de Pontoise, de Dieppe, de la Réole, déployer contre l'Anglais la valeur la plus brillante; mais, à mesure qu'il gagnait ses éperons de chevalier, il cherchait à se faire des partisans,

---

(1) Jean Chartier.

à se créer des amitiés dévouées. Au siége de Dieppe, il donna sa première confiance à un rude capitaine, du nom de Tristan, nom assez fréquent dans les romans de chevalerie : Lancelot du Lac, à l'époque de sa souffrance d'amour, avait pris ce surnom de *Tristan* (*triste*) (1), et une *chanson de gestes* avait pour héros *Tristan le Léonais*. Aucun aventurier n'était plus brave que Tristan, qui, depuis quinze ans, faisait la guerre ; il avait été parmi les quarante-neuf gens d'armes que Dunois avait choisis pour faire le siége et s'emparer de Fronsac (2). Sur la brèche, Tristan avait reçu l'accolade de chevalier des mains du bâtard d'Orléans, et celui-là se connaissait en bravoure ; le dauphin prit à son spécial service le brave Tristan, et le fit prévôt de son hôtel, ce qui donnait le droit de haute et basse justice sur tous les hommes de guerre ; justice expéditive par la pendaison. Tristan s'associa son écuyer *Trois-Échelles*, archer d'énergie (ce surnom est encore souvent rappelé dans les chroniques). Tristan et *Trois-Échelles* eurent la po-

---

(1) Quelquefois celui du *Beau ténébreux* : *Aventures de Tristan et de la belle Yseult*. Ce roman a été plusieurs fois publié.

(2) Le 20 juin 1445.

lice du camp du dauphin, dure tâche au milieu de ces hommes de guerre indisciplinés. Les miniatures des manuscrits, quand elles représentent une troupe en marche ou un camp de soudards, ne manquent pas de donner à chaque arbre un fruit particulier, un archer pendu que secoue le vent ; triste spectacle que deux siècles plus tard Callot a reproduit dans ses admirables gravures sur *les malheurs et les justices de la guerre*. A cette époque, le bruit des pendus secoués par le vent faisait une singulière musique au milieu de troupes d'aventuriers en marche (1).

Après cette glorieuse campagne, le dauphin revint à Paris, où Charles VII résidait, en partageant son temps entre le château des Tournelles et le manoir de Beauté, séjour de prédilection d'Agnès Sorel. Les chroniques disent qu'il en avait trois enfants, et cet amour public, scandaleux, était supporté avec une grande résignation par la reine, qui avait un véritable culte pour Charles VII ; mais le dauphin ne cessait de manifester une juste indignation contre Agnès : était-ce un tendre attache-

---

(1) Sur ces disciplines de la guerre, Brantôme nous a laissé une assez curieuse description dans le portrait du connétable de Montmorency et de ses *patenôtres*.

ment pour sa mère outragée? était-ce parce que Agnès Sorel tenait en main le sceptre et qu'elle le dirigeait fermement pour la répression de toute révolte et qu'ainsi elle avait deviné l'impatience du dauphin de ceindre la couronne? Tant il y a que les chroniques rapportent que le dauphin en vint à ce point de colère qu'il donna un soufflet à Agnès Sorel (1), qui alors se retira de la cour pour habiter le château de Loches, en Touraine : la Touraine, le Berri, l'Orléanais, peuplés de châteaux royaux, n'étaient-ils pas les plus beaux pays du monde? Ce n'était pas au hasard que les rois avaient choisi pour leur résidence Loches et Chinon, doux séjours qui avaient vu les premiers sentiments, les premiers enthousiasmes de gloire de Charles VII et d'Agnès Sorel.

Charles VII, par nécessité plus que par plaisir, résidait au château des Tournelles, au milieu de Paris, dans ce palais où les rois Jean, Charles V et Charles VI avaient demeuré. Pour gagner tout ce qu'il pouvait en popularité bourgeoise, le roi relevait de leurs ruines la plupart des bâtiments que la guerre civile ou la misère avait détruits (2) : on dut à Charles VII

---

(1) Monstrelet et Jean Chartier rapportent ce même fait.
(2) Ordonnance de Charles VII, Collect. du Louvre, 1441.

un grand nombre de ces petites bastilles à tourelles dont les débris restent encore! Jusqu'à ce règne, les châteaux de la féodalité étaient lourds, massifs, aux murailles épaisses, presque sans ogives, sans fleurons. Paris prit un aspect varié : j'ai sous les yeux un plan en relief de la ville, rue par rue, maisons et îlots, dressé sous Charles VII, et l'aspect de Paris est des plus variés et des plus charmants (1) : les rues sont étroites, il est vrai, mais chaque îlot de maisons est séparé avec des jardins touffus, des prairies, des treilles de raisin et de beaux potagers. La ville est peuplée d'églises, de couvents, de beaux hôtels, si sveltes, qu'on dirait qu'on va les porter sur les mains, comme ces saints de pierre incrustés sous les porches, qui tiennent du bout de leurs doigts le modèle des cathédrales : trois ponts seulement sont jetés sur la Seine, abrités contre le soleil, la pluie et le vent; le pont aux Meuniers est dans la forme du pont des Soupirs à Venise. Chaque maison, même de bourgeoisie, est ornée de figures symboliques, de pignons et de gargouilles aux formes étranges.

(1) La Bibliothèque impériale est fort pauvre en plans et relief des cités au moyen âge; il faut recourir aux collections particulières.

A l'extrémité au midi, Sainte-Geneviève, avec son pèlerinage entouré de ravissantes maisonnettes, dont les jardins, plantés de vignes, s'étendaient jusqu'à la Bièvre ; sur la Seine, Notre-Dame, l'orgueil de la Cité ; et, comme pour faire contraste, le Châtelet, avec ses tourelles, la brillante Sainte-Chapelle de Saint-Louis, avec sa flèche si élancée, le vaste couvent des Augustins, l'hôtel de Nesle ; plus loin, le pré aux Clercs, si plaisant, et les bâtiments de la mellifiante Université !

Sur l'autre rive de la Seine, la Bastille, avec ses quatre tours entourées d'un beau parc et verger, l'hôtel royal des Tournelles, avec ses petites forêts de cerisiers, ses treillis de vignes où le raisin muscat pendait à belles grappes, la rue Saint-Antoine, destinée aux tournois ; Saint-Paul, les Célestins, la Grève, jusqu'au Louvre, d'où l'on voyait, au nord, tournoyer au gré des vents les moulins de la butte qui avoisinait la belle fabrique de tuiles vernissées, façon de Venise.

Ainsi était Paris sous Charles VII, où l'on voyait s'entrelacer chevauchées de seigneurs, dames sur les haquenées richement parées, moines noirs et blancs, sergents d'armes mipartis ainsi qu'on les a peints sur les cartes et tarots, bourgeois en chaperons, bohémiens, pages et varlets, longues processions de pèlerins, au son des cloches en branle, joyeuses pour les fêtes, tristes et lamentables pour les trépassés. Point de ces foules monotones, sans croyance et sans cœur, pressées dans les grandes villes, au milieu d'une civilisation ennuyée !

XVII

Les cours de Bourgogne, d'Anjou et de Provence.—Le bon roi Réné, au quinzième siècle.

La cour de Charles VII, alors même qu'elle était conduite et dirigée dans ses plaisirs, ses fêtes et son esprit chevaleresque par Agnès Sorel, ne pouvait être comparée, pour l'éclat et la splendeur, aux cours de Bourgogne, d'Anjou et de Provence, climat favorisé du ciel.

On peut considérer les ducs de Bourgogne comme le dernier et beau reflet de l'esprit chevaleresque et féodal; le traité d'Arras avait encore grandi leur puissance et leur souveraineté; Dijon, la capitale, splendide cité au quatorzième siècle, élevait ses belles églises de Sainte-Bénigne, de Saint-Michel et le palais de ses ducs. Le temps efface tout, la main des hommes plus que celle du temps! L'étranger qui visite aujourd'hui Dijon, cité pourtant noble, studieuse, est frappé de l'abandon de ses glorieuses antiquités : du palais des ducs de Bourgogne, il ne reste plus qu'une seule tour et les débris d'une cuisine homérique, celle peut-être où se préparait le paon féodal pour les festins ; et dans l'église de Sainte-Bénigne, j'ai vu de vieilles figures de chevaliers et d'abbés mitrés couchées sur les dalles de la cathédrale, à demi effacées par les pieds des visiteurs ; outrage aux morts, aux arts et à l'histoire (1).

Indépendamment du duché de Bourgogne avec sa belle capitale, les ducs possédaient encore le comté de Macon, le Charollais, jusqu'à la ville d'Auxerre, la Franche-Comté, les Flandres, avec leurs villes riches, bourgeoises, insubordonnées, les cités de la Somme, etc. A vingt-cinq lieues de Paris, on trouvait les couleurs de Bourgogne flottant aux hautes tours

---

(1) Dijon a conservé son caractère grave et magistral ; je fais un appel à la science de ses nombreux érudits ; il existe en France des comités, des inspecteurs de monuments historiques qui font beaucoup de bruit par les journaux et laissent s'effacer nos trésors.

d'Amiens. Le caractère des ducs de Bourgogne était violent, superbe, impératif, mais d'une illustre générosité ; ils aimaient la splendeur, les fêtes, les champs clos, les tournois, et, toujours magnifiques, ils ouvraient la main large à la profusion. A Bruges, lors du mariage du duc Jean avec madame Isabelle de Portugal, les fêtes furent si splendides que les Flamands en gardèrent mémoire ; les bourgeois, maîtres buveurs de bière, furent ébahis de voir devant e palais, d'un côté, un lion tout d'or qui, pendant huit jours, ne cessa de jeter le vin du Rhin à pleines coupes, et, de l'autre, un cerf d'argent répandant à flots les vins de Beaune, Romanée, Malvoisie (1) !

Tandis que les Flamands s'enivraient dans une de ces fêtes que, plus tard, Teniers a si bien reproduites, le duc Jean présidait à un magnifique tournoi, dans la cour même du palais, dont les cloches carillonnaient les plus plaisants airs en l'honneur des Flandres.

Ce jour-là fut institué l'ordre illustre de la *Toison-d'Or* (2). On a voulu en trouver l'origine

(1) Comparez Monstrelet, *Chroniq.* ann. 1430, avec les *Annales de Flandre*, par Meyer.

(2) Les statuts sont du 10 janvier 1430 ; mais comme l'année ne commença't qu'à Pâques, il faut lire 1431.

dans un mystérieux et lascif don d'amour donné par une dame de Bruges au duc Jehan (1). Il est plus naturel de croire que la fable de Jason sur la conquête de la Toison-d'Or (fable reproduite et imitée par plus d'un fabliau) fut la véritable source de l'institution de l'illustre ordre de chevalerie. Tout est grave, religieux, dans les termes mêmes des statuts : « Fesons savoir qu'à cause du grand et parfait amour que nous avons pour le noble état et ordre de chevalerie, dont, par notre ardente et particulière affection, nous désirons encore accroître l'honneur, afin que, par son moyen, la vraie foi catholique, l'état de notre sainte mère l'Église, la tranquillité et la prospérité de la chose publique, soient, autant qu'ils peuvent l'être, défendus, gardés et conservés. Le dixième jour de janvier 1429, le jour de la solennité du mariage célébré à Bruges entre nous et notre très-chère et très-aimée épouse Elisabeth, avons institué, créé un ordre et confrérie de chevaliers ou association amicale, que nous avons voulu appeler de la Toison-d'Or, conquise par Jason (2). »

(1) Favin, *Théâtre d'honneur*, entre dans quelques détails sur les causes de la fondation de l'ordre de la Toison-d'Or.

(2) Le nombre des chevaliers de la Toison-d'Or ne pouvait dépasser trente.

Ainsi, c'était l'idée fabuleuse de la Toison-d'Or conquise par Jason, qui avait inspiré le nouvel ordre de chevalerie (1), sous la grande maîtrise du duc de Bourgogne. Chaque chevalier portait un manteau écarlate fourré de vair et s'engageait à l'obéissance envers le grand-maître, comme le moine envers l'abbé.

A cette époque de chevalerie et d'honneur, on était arrivé, dans la cour de Bourgogne, à des fantaisies de courage, à des vœux merveilleux, jurés dans les festins féodaux sur le faisan doré ou le héron : celui-ci s'engageait à ne pas coucher dans un lit mollet, jusqu'à ce qu'il eût vaincu vingt chevaliers; celui-là à ne jamais frôler, baiser la robe d'une femme avant d'avoir brisé dix lances en combat singulier ou pris une tour crénelée. Cette foi du chevalier en lui-même, ces légendes du courage, pouvaient porter un certain désordre dans la vie régulière d'une nation, mais elles créaient une confiance dans les grandes choses; elles faisaient la beauté du caractère d'un peuple, et Froissart rapporte les nobles scènes de toute une chevalerie qui allait attacher son bouclier au vieux chêne de Charlemagne pour

(1) Dans les *Chansons de gestes,* Jason est considéré comme le modèle des chevaliers.

proclamer envers et contre tous la beauté et l'honneur des dames.

L'institution de l'*ordre de la Toison-d'Or* fut presque contemporaine du plus grand désastre de l'époque chrétienne, la prise de Constantinople par les Turcs. Qu'on s'imagine, à peine deux siècles après les croisades, l'effet que dut produire la chute de l'empire grec ! Alors même que les nations dorment, il est certains événements qui, tout à coup, les réveillent avec le désespoir au cœur et la honte au front. Depuis un siècle, les Papes, ces protecteurs de la société chrétienne, avaient cherché à prévenir cette catastrophe en appelant les rois et les peuples aux armes contre les hordes qui envahissaient l'Europe (1) ; on les avait peu écoutés ; les Bysantins s'étaient perdus en vaines disputes ; la prise de Constantinople éclata comme un coup de tonnerre, et tandis que Charles VII, pour plaire aux universitaires, promulguait l'acte d'opposition au saint-siége romain, la *Pragmatique-Sanction*, le duc de Bourgogne s'offrait au saint Père, lui et sa chevalerie, pour marcher contre les infidèles (2).

(1) Continuation de Baronius ad ann. 1440-1450.
(2) J'ai examiné le véritable caractère de la *Pragmatique-Sanction* dans mon livre sur l'*Église au moyen âge*.

Le *vœu du héron* porta cette fois sur l'accomplissement de la croisade (1) contre les infidèles ; le duc de Bourgogne devait se mettre à la tête de cette expédition destinée à rejeter les Turcs en Asie.

Ces mêmes sentiments de chevalerie exaltée se révélaient à un très-haut point dans la maison d'Anjou et dans l'imagination surtout de ce prince, que la Provence encore appelle du nom du bon roi Réné ; artiste passionné, il peignait les tableaux, les vitraux, les portraits de ceux qu'il aimait ; bon musicien, il notait les airs des fêtes et tournois : longtemps captif des ducs de Bourgogne, consolé par les arts, il s'était épris des tournois et des pompes de chevalerie. La *Bibliothèque impériale* possède un splendide manuscrit colorié sous ce titre : *les Tournois du Roi Réné* (2). Rien de pareil pour l'éclat et la richesse des couleurs : on y voit la rude mêlée des chevaliers portant chacun leurs armoiries : les lances se croisent ! le choc est rude ! que de paladins désarçonnés ! quels

---

(1) *Le vœu du héron* a été publié par MM. de Sainte-Palaye à la fin de leur *Mémoire sur la chevalerie*.

(2) Je considère au point de vue des miniatures du moyen âge, le Mss. des tournois du roi Réné comme un des beaux trésors de la Bibliothèque. On voit que l'art italien commençait à se révéler.

chevaux au large poitrail caparaçonnés ! Les tournois du roi Réné sont un théâtre d'honneur et de courage. Cette société ne vivait que par ces idées ; elle était étrangement mêlée, comme les fantaisies qui ornent les missels ; au fond de tous les cœurs était la croyance qui colore tout, la belle épopée de la vie future, du ciel, de l'enfer. L'existence était en Dieu.

C'était un esprit d'imagination et de fêtes que le bon roi Réné, et la ville d'Aix lui dut la belle mise en scène de ce mystère, dont la représentation garde le nom *des jeux du roi Réné*. La Provence, au mois de mai, s'ouvre aux mille émanations odorantes de fleurs : la rose, le genêt, le thym, et la Fête-Dieu s'y célébrait avec des cérémonies magnifiques sous son éclatant soleil. Avec ces solennités bénies, le roi Réné, toujours artiste, institua une fête qui durait cinq jours et avait la ville d'Aix tout entière pour théâtre. On y voyait le roi David entouré de diables et diablesses, l'innocence protégée par un ange vêtu de blanc, le veau d'or que tous adoraient (symbole de la société à venir), les gracieux danseurs jouant du galoubet et du tambourin sur un air que le roi Réné avait noté lui-même, les trois mages, le massacre des Innocents, saint Christophe, expression des géants, et les chevaux fringants qui dansaient autour de lui (1).

Ce mystère fut représenté devant Charles VII et Agnès Sorel, dans un voyage à la Sainte-Baume ; chaque année on dut le répéter pour la Fête-Dieu. Réné se plaisait tant en sa bonne ville d'Aix, dans les agrestes bastides de Marseille, où le soleil si chaud fait chanter la cigale comme à Athènes sous les platanes ; il aimait ces murs où la salamandre boit les rayons du soleil et s'abrite sous la tendre feuille du jasmin d'Italie ou sous la boule d'or de la cassie odorante près de ces puits, véritables citernes d'Afrique ; quel Provençal ne salue pas le nom du bon roi Réné ! Qui n'a été voir sa bastide au lieu charmant sur les bords du Jarret qu'on appelle *la Rose !* Quel enfant n'a feuilleté le livre de la *Fête de Dieu* du roi Réné, avec les vieilles gravures dont les costumes étaient empruntés aux temps de Charles VII et d'Agnès Sorel, aux cartes et tarots qui appartenaient

---

(1) Le roi Réné était poëte : il a laissé des ballades ; une d'entre elles est la *Conqueste de la doulce Mercy.* Son livre enluminé porte le titre : *Traité des tournois.* Un homme excellent, un des administrateurs distingués de la restauration, le comte Villeneuve de Bargemont, préfet des Bouches-du-Rhône, s'était spécialement occupé, en bon Provençal, de l'histoire du roi Réné.

aussi à cette époque, un peu de fantaisie. Au quinzième siècle, il se fait un renouvellement dans l'art; la peinture prend des couleurs vives de carmin, d'or et de bleu céleste : les paysages sont ravissants ; on dirait des fleurs cueillies d'hier sur lesquelles s'abritent les oiselets : ici sont les travaux des champs, le raisin suspendu à la vigne, le puits, l'amandier; là une cellule du bon ermite, les troupeaux bondissants au milieu de ces figures candides des bergers et bergerettes, telles que nous les peint Froissard dans ses grandes *Chroniques.*

XVIII

Dernière période de la vie d'Agnès Sorel. — Sa mort.

(1440 — 1450.)

Agnès Sorel s'était exilée de la cour de Charles VII, après la conquête de la Normandie, alors qu'un soulèvement d'opinion s'était fait contre son influence. Si quelques braves chevaliers avaient pris ses couleurs et défendu sa beauté, tous ceux, au contraire, qui voulaient dominer le caractère de Charles VII, si faible : le dauphin, les capitaines des gens d'armes, les ducs et comtes écossais, si exigeants, s'étaient déclarés contre elle, et Agnès Sorel s'était retirée à son château de Loches ; quelquefois elle habitait le manoir de Beauté, sur la Marne, où le roi venait la visiter en secret, la consulter même sur les affaires de son royaume; de l'aveu de tous, Agnès Sorel avait conservé une vigueur de résolution, une fermeté de jugement, incomparables, et surtout cet esprit chevaleresque qui poussait le roi Charles VII, toujours si irrésolu, vers des mesures fermes et courageuses.

Il ne resterait rien sur la vie d'Agnès Sorel pendant ses derniers jours, si un chroniqueur exact, Jean Chartier (1), n'avait pris soin de raconter lui-même, presque la vie tout entière d'Agnès Sorel qu'il avait vue et connue. Parlant de la conquête de Normandie et de la prise de Rouen, Jean Chartier dit: « En l'abbaye de Jumiége (2) trouva le roi une belle damoiselle, nommée la belle Agnès qui là était venue, comme elle le disait, pour advertir le roi et lui dire qu'aucuns de ses gens le voulaient trahir et livrer aux mains de ses anciens ennemis les Anglais (3); de quoi le roi ne tint guère compte et ne fis que rire et pour ce que ladite Agnès avait esté

(1) Jean Chartier, qu'il ne faut pas confondre avec le poëte Alain Chartier, a écrit une chronique sur le règne de Charles VII.

(2) L'abbaye de Jumiége était une des perles de l'architecture anglo-normande.

(3) Les Anglais avaient toujours un grand parti en Normandie.

au service de la royne par l'espace de cinq ans ou environ, auquel elle avait eu toute sorte de plaisances mondaines et tous les passe tems et joie du monde, c'est à savoir de porter grands et excessifs atours, parure, robes, fourrures, collier d'or et de pierreries et ayant là tous les autres plaisirs, comme estant jeune et jolie (1); pourquoi ce fut une commune renommée que le roi la maintenait et entretenait, car aujourd'huy le monde est plus enclin à dire mal que bien..... même que c'était souvent contre la volonté du roi que ladite Agnès portait si grand état, mais que c'était le bon plaisir d'icelle; pourquoi il temporisait tant qu'il pouvait, quand le roi allait voir dames et damoiselles, et mesmement en l'absence de la royne, il y avait toujours multitude de gens présens et que oncque ne la virent toucher par le roi au-dessous du menton, mais s'en retournait après les esbatements licites faits comme à roi appartenait; chacun allait à son logis le soir, pareillement ladite Agnès au sien. »

Ainsi, le chroniqueur Jean Chartier cherche à expliquer, à justifier les relations du roi Charles VII et d'Agnès Sorel. Cependant, le

(1) Le goût d'Agnès Sorel pour la parure était public.

naïf conteur est entraîné à des aveux : « Et que si aucune chose elle a commis ladite Agnès, si elle a eu quelques relations coupables avec le roi, ce dont on ne put s'appercevoir, c'était cautement (1) et en cachette, elle estant alors au service de la royne de Sicile, auparavant qu'elle ne fût au service de la royne de France, avec laquelle elle fut résidente quelques années. Ces proclamations de mauvais exemples et publication du mal étant venues à la cognaissance de ladite Agnès, qu'on surnommait madame de Beauté, par tristesse et déplaisir qu'elle en eût, elle prit une telle contrition et répentance des péchés ; il lui souvint de Marie-Madelaine qui fut aussi une grande pécheresse (2) ; malade, elle invoqua Dieu et la vierge Marie en son aide ; puis, comme bonne catholique, après la réception des sacrements, elle demanda ses heures pour lire les vers de saint Bernard qu'elle avait escrits de sa main, et fit son exécuteur testamentaire noble homme Jacques-Cœur (3) et Robert Félicien, médecin de la royne, et maître

(1) Précautionnement.
(2) De là son voyage à la Sainte-Baume.
(3) Son trésorier de confiance.

Estienne Chevalier, secrétaire et trésorier du roi ; elle ordonna que le roi seul et pour le tout fût par dessus les trois susdits. Ladite Agnès dit à toutes ses damoiselles que c'était chose odieuse et fétide que notre fragilité et dit ses regrets audit maître Denis, son confesseur, qu'il la voulût absoudre, puis après qu'elle eut fait très-haults cris, réclamant et invoquant la benoîte vierge Marie, se sépara l'âme du corps le lundi, onzième jour de février 1449, sur les six heures après midi, laquelle fut depuis ouverte et son cœur porté en ladite abbaye ; pour ce qui est du corps, il fut mené et conduit en sépulture à Loches, fort honorablement, en l'église collégiale de Notre-Dame, où elle avait fait plusieurs fondations et donations. Dieu lui fasse merci à l'âme. Amen (1). »

Ainsi est résumée la vie d'Agnès Sorel par le pieux chroniqueur maître Jean-Chartier, qui excuse les amours profanes par une sainte mort : l'abbaye où mourut la noble dame de Beauté est Jumiége, la perle précieuse de l'architecture anglo-normande, aujourd'hui en ruine sur ses colonnettes brisées, ses saints mutilés et jetés

---

(1) Les *Chroniques* de Jean Chartier ont été plusieurs fois imprimées et divisées en plusieurs chapitres.

sur la terre, ses ogives en poussière, ses chapelles sacrées, ses fontaines et ses piscines détruites ! Jumiége, contemporaine de Guillaume le Conquérant, et dont l'abbé mitré excommunia Robert le Diable ! Or, on lit dans l'histoire de l'abbaye de Jumiége (1) : « Il y avait six semaines que le roi Charles VII était à Jumiége, lorsque Agnès Sorel fut attaquée d'une dyssenterie marquée, dont elle mourut à la ferme du Mesnil, dépendant de ladite abbaye, le neuvième jour de février 1449, à six heures du soir, âgée de quarante ans. »

Les cartulaires épars que le temps a respectés rapportent « qu'Agnès Sorel légua 30 escus à l'église de Saint-Aspar de Melun, et 2,000 escus d'or à Notre-Dame de Loches, lieu de sa sépulture, pour un service quotidien célébré en ladite église. » Aussi le nom d'Aumôneuse lui fut bien mérité dans les annales.

On a dit qu'Agnès Sorel mourut empoisonnée, et le procès de Jacques-Cœur en fait un des crimes de l'argentier du roi ; quelle vérité peut-il y avoir dans une telle accusation, lorsqu'on se rappelle le testament d'Agnès

---

(1) Un archéologue normand fort distingué, a fait un travail remarquable sur l'abbaye de Jumiége ; les dessins ont été faits par mademoiselle Langlois, sa fille, 1826-1827.

Sorel, qui nomme Jacques-Cœur parmi les exécuteurs de ses volontés dernières. Toute la vie de la dame de Beauté se mêlait à celle de l'argentier du roi, son ami le plus fidèle, le trésorier de ses épargnes, qui lui fournissait les belles pierreries, les diamants, les étoffes brillantes de sa toilette : quel symptôme d'empoisonnement, d'ailleurs, dans une maladie qui dura quarante jours ! C'est une assertion banale de l'histoire que cette accusation d'empoisonnement pour toutes les hautes têtes tombées sous le coup de la mort.

Agnès Sorel, à qui le nom de dame de Beauté fut désormais donné, comme un charmant apanage, laissa trois filles qui furent heureusement mariées ; la première, Charlotte, à Charles de Brézé ; la seconde, du nom de Marie, à Olivier de Créqui, la troisième, enfin, Jeanne, à Antoine de Bueil ; Jacques-Cœur lui fit élever le tombeau qui longtemps fut placé dans l'église de Loches ; on y lisait ces tristes paroles : Oh ! mort, toujours inflexible, tu as arraché de la vie un si beau corps dans ses plus jeunes années ! (1).

---

(1) Il a été fait quelques récentes dissertations sur la famille d'Agnès Sorel. Voyez les portraits d'Agnès Sorel dans la collection des gravures (Biblioth. impér.).

Les sépultures dans les églises, ces tombes semées sur les dalles avec des réflexions sur la mort et la vie future, laissaient dans l'esprit des visiteurs de longues empreintes. Il n'y avait pas de plus bel abri pour les morts que les voûtes des églises, sévère leçon pour ceux qui vivaient au milieu du luxe et de la débauche ; tant de beauté, tant de grâce livrées aux vers du sépulcre ! Le nom d'Agnès Sorel survécut à sa fortune : on l'invoquait deux siècles après. Le poëte Baïf (1) qui visita la ferme de la Ferté-Mesnil, où mourut Agnès Sorel, fit sur la dame de Beauté cette triste ballade :

Mais las ! elle ne put rompre la destinée
Qui pour trancher ses jours l'avait ici menée
Où la mort la surprit...
            O mort ! cette beauté
Devait par sa douceur fléchir ta cruauté ;
Mais la lui ravissant à la fleur de son âge
Si grand que tu cuidais n'a esté ton outrage,
Car si elle eût fourni l'entier nombre de jours
Que lui pouvait donner de nature le cours,
Ses beaux traits, son beau teint et sa belle charnure
De la tarde vieillesse allait subir l'injure
Et le surnom de belle avecque sa beauté
Lui fust pour tout jamais par les hommes ostés ;

(1) Jean Antoine de Baïf, l'ami de Ronsard, a publié de nombreuses poésies ; l'édition *princeps* de ses œuvres est de Paris, 1572-1573.

Mais jusques à sa mort l'ayant vue toujours telle,
Ne pouvait lui oster le surnom de belle (1).

Baïf vivait sous le règne de Henri II et de Charles IX ; les traditions de François Ier sur la dame de beauté que ce prince avait placée au-dessus « des nonains et des dévots hermittes pour France recouvrer » étaient recueillies. Les services, en effet, qu'elle rendit au roi et à la France, étaient d'une grande nature; Agnès avait décidé Charles VII à la patriotique croisade contre les Anglais; elle l'avait engagé à secouer le joug tracassier et désordonné des capitaines des grandes compagnies pour faire prédominer un gouvernement régulier qui donnât la force et l'impulsion à la pauvre monarchie du roitelet de Bourges. Agnès Sorel domine l'histoire du règne de Charles VII; Jeanne d'Arc n'en fut qu'un épisode.

A bien considérer la légende de Jeanne d'Arc, on voit que la pucelle d'Orléans n'exerça qu'une passagère influence sur les destinées de la monarchie de Charles VII; elle ne fut qu'une de ces légendes des camps destinée à relever le courage des gens d'armes. Agnès Sorel, avec le

(1) Cette pensée a été imitée par Malherbe dans les vers célèbres de consolation adressés à son ami Duperrier sur la mort de sa fille.

concours de l'argentier Jacques-Cœur, réconcilia le roi avec les grands féodaux de Bretagne, de Bourgogne, avec la maison d'Anjou, qui désormais furent les appuis de sa cause : fort de ce concours, Charles VII rentra dans Paris, reconquit la Normandie, la Guyenne, et délivra définitivement le territoire de la présence odieuse des Anglais.

Pourtant, la légende de la pucelle d'Orléans est restée plus aimée, plus célèbre, plus populaire que celle d'Agnès (1). C'est que l'une se rattachait au mysticisme saint, à une merveille romanesque : Une fille du peuple inspirée, qui mène le roi jusqu'à Rheims pour le faire sacrer, formait un épisode digne de parler à l'imagination populaire du quinzième siècle, tandis, que le rôle d'Agnès Sorel restait dans les simples conditions de la chevalerie et un peu de la politique. C'est ce qui arrive souvent en histoire ; on attribue à un accident merveilleux ce qui n'est que le résultat d'une combinaison préparée par les événements. On remarquera qu'après le siége de Paris par les gens d'armes sous Jeanne d'Arc, l'étendard fleurdelysé resta

---

(1) Dans ces derniers temps, de systématiques historiens ont donné une étendue extraordinaire à la légende de la Pucelle d'Orléans ; on y a même cherché de la *démocratie*.

aussi abaissé qu'avant le sacre de Rheims; la Pucelle était même tombée aux mains des Anglais! Le découragement était aussi profond dans l'armée du roi Charles! Qui releva donc le courage de tous? Qui fit prendre des résolutions énergiques au monarque accablé? Qui lui donna le sage conseil de traiter avec les hauts féodaux de Bretagne et de Bourgogne; et enfin, roi restauré, qui le poussa contre l'Anglais en Normandie et en Guyenne? Le chant de guerre moderne :

<blockquote>Il faut partir, Agnès l'ordonne,</blockquote>

ne fut qu'une traduction des vers de François Ier qui se connaissait en honneur et vaillance dans l'histoire du pays !

XIX

Le dauphin en Flandre. — Procès de Jacques-Cœur.—Mort de Charles VII.

(1450—1461.)

Après la Praguerie vaincue, le dauphin Louis avait fait sa soumission au roi Charles VII sans abdiquer aucun de ses mécontentements ; le roi avec sa nonchalance et sa tendresse incomparables lui avait confirmé le gouvernement du Dauphiné, apanage des aînés dans la famille royale ; le dauphin Louis avait fixé sa résidence à Vienne, puis à Grenoble, où, avec son esprit de domination et de gouvernement, il avait fait acte de souveraineté; veuf après la mort de la douce et poétique Marguerite d'Écosse, il avait épousé, presque sans le consentement de son père, une fille de Savoie pour se créer un appui; il s'était ensuite ligué avec les Suisses en une confédération dont le but n'était pas ouvertement annoncé, mais qui paraissait une menace d'avenir contre la souveraineté de Charles VII (1).

Agnès Sorel vivait encore lors de ces actes : par ses conseils énergiques, elle avait décidé le roi à contraindre le dauphin Louis à une soumission. Déjà une armée marchait contre le Dauphiné, lorsqu'on apprit tout d'un coup que Louis avait quitté les terres de son apanage pour chercher un appui auprès du duc de Bourgogne fort mécontent du roi son suzerain ; acte de rébellion que le dauphin expliquait par des causes un peu vagues et spécialement par la situation abaissée de sa mère devant une favorite, Agnès Sorel. On trouve même dans une lettre du souverain pontife Pie II, écrite à l'occasion *de la Pragmatique-Sanction*, que « Agnès fut la cause de beaucoup de désordre et de la fuite du dauphin (2). » Il faut remarquer qu'à l'époque de cette lettre, Louis XI régnait et que le pape le félicitait de l'édit qui délivrait l'Église de France de l'acte parlementaire

---

(1) Mémoires de Comines et le recueil si remarquable qu'on appelle le *Cabinet de Louis XI*.

(2) 1465, Collect. du Louvre, t. XV, p. 195.

appelé *la Pragmatique-Sanction* sur les élections ecclésiastiques.

Le Dauphin vint habiter Gennape, une des villes importantes et frontières du duché de Bourgogne, et de là, il écrivit à son père dans les termes les plus soumis et les plus dévoués : « il n'avait quitté le Dauphiné pour la Bourgogne qu'à cause de l'assemblée et tournois que Mgr le duc de Bourgogne avait fait partout annoncer, afin de préparer une croisade contre le Turc ; or ses devoirs de chevalier l'avaient engagé à ne pas manquer de s'y trouver. » A cette lettre un peu embarrassée le roi avait répondu : « Beau fils bien-aimé, j'ai appris votre départ et suis très-surpris ; je vous recevrai toujours avec plaisir, mais ne venez qu'avec des serviteurs prudents qui aient égard à mon honneur ainsi que le devez par raison. Quant à votre voyage en Turquoisie, je m'étonne que vous ayez pris une telle résolution sans m'en parler (1). »

Cette lettre si ferme était inspirée par la politique d'Agnès Sorel qui avait deviné le caractère ardent, ambitieux du dauphin, malgré ses protestations humbles et soumises : « Mon sou-

---

(1) Les pièces se trouvent dans le précieux recueil de Le Grand (Mss. Biblioth. impér.). Ce recueil est bien plus complet que celui de Lenglet Dufresnoy.

verain seigneur, écrivait-il à Charles VII, je me recommande tant et très-humblement à votre bonne grâce, mandez-moi vos bons vouloirs pour les accomplir comme je le dois à l'aide de notre Sauveur. Ecrit de votre ville de Saint-Quentin, Loys. » A côté de ses protestations si humbles, le dauphin faisait des conditions pour revenir à la cour de son père : il demandait d'abord le renvoi de tous les conseillers du roi, l'exil d'Agnès Sorel alors vivant encore. Plus tard, il y eut un projet plus vaste concerté avec le duc de Bourgogne : c'était de faire prononcer l'incapacité, la folie même de Charles VII, comme la chose s'était pratiquée pour Charles VI, du temps du gouvernement du dauphin et de ses oncles de Bourgogne.

Afin de cacher son projet sous les dehors de l'indifférence, Louis vivait retiré à Gennape, ne s'occupant que de l'art de la chevalerie; il y écrivait son livre si léger des *Cent Nouvelles nouvelles* à la façon de Boccace, recueil d'aventures galantes, de tromperies d'amour des dames et des chevaliers. Comment croire que le dauphin pouvait avoir des préoccupations de grande politique, lorsqu'il ne songeait qu'à se distraire dans les tournois et lices d'armes! Il méditait alors cette maxime venue d'Italie, qu'il aimait à répéter : « Celui qui ne sait dissimuler ne sait pas régner (1). »

Le dauphin avait bien quelque raison de lutter contre la politique de Charles VII. Après la mort d'Agnès Sorel, il s'était fait un retour vers l'esprit désordonné des grandes compagnies et de ce qu'on appelait les favoris ; Charles VII n'avait jamais abdiqué cette paresse d'esprit et de corps qui le faisait un roi de coteries et d'intrigues : après Tanneguy Duchâtel était venu Chabannes (2), brave jusqu'à la témérité, mais aussi pillard, avide de confiscations, de richesses et qui ne souffrait ni partage, ni égalité dans les faveurs du roi. Le crédit dont jouissait justement maître Jacques-Cœur l'argentier, offusquait tous ces aventuriers, et pour les chefs des gens d'armes, un homme de finance qui possédait une huche si bien garnie et des richesses territoriales plus étendues que les barons était bien coupable ; l'idée de conspiration venait naturellement à leur esprit. Jacques-Cœur, pendant l'influence d'Agnès Sorel, avait été mêlé à la politique du roi, il avait été envoyé à Rome

---

(1) *Qui nescit dissimulare, nescit regnare.*

(2) Antoine de Chabannes, comte de Dammartin ; il avait été écuyer et page de Lahire.

auprès du Pape pour l'affaire de la *Pragmatique-Sanction* et s'entendre sur les annates. De là, il vint à Gênes, et sous son influence on put régler l'acte d'union de cette république à la France sous la souveraineté du roi (1).

La première tentative de poursuite du conseil contre Jacques-Cœur fut assez étrange : on l'accusa d'avoir empoisonné Agnès Sorel avec des drogues et des poisons venus de Syrie et d'Italie. Cette accusation, soutenue par Jeanne de Vendôme, était trop absurde, je le répète : comment alors Agnès Sorel aurait-elle choisi Jacques-Cœur pour l'exécution de son testament? Aussi l'accusation fut-elle déclarée une première fois calomnieuse et Jeanne de Vendôme fut punie; mais pendant la mission de Jacques-Cœur en Italie, la poursuite fut renouvelée : on disait que l'argentier, dépositaire de fortes sommes qu'Agnès Sorel lui avait confiées, avait voulu se les attribuer. Chabannes, le favori du roi, se mit à l'œuvre et une commission fut nommée à l'effet de juger Jacques-Cœur (2).

(1) Tout ce qui touche à Jacques-Cœur et à son procès se trouve dans M. Dupuy, vol. XXV, et carton Fontanieu (Biblioth. impér., n° 132).

(2) La commission, présidée par le roi, se réunit au château de Lusignan au mois de mars 1453.

Les griefs imputés à l'argentier du roi devant la commission furent ceux-ci : 1° d'avoir commis plusieurs concussions en Languedoc; 2° d'avoir fait transporter sur les galères, des armes en Egypte pour le service du Soudan; 3° d'avoir fabriqué des écus à moindre aloy de manière à gagner 20 à 30 par marc; 4° d'avoir transporté maintes monnaies hors du royaume; 5° d'avoir subtilisé 2,000 écus aux seigneurs de Canillac et de Lafayette sous prétexte que le roi en avait besoin pour jouer aux dés pendant les fêtes de Noël; enfin, on l'accusait d'avoir volé autrefois 2450 livres sur la location des foires.

Ces griefs étaient absurdes ou faux; mais, depuis la mort d'Agnès Sorel les chefs des grandes compagnies avaient repris leur puissance et il fallait les satisfaire par une sorte de pillage. Ce fut au château de Lusignan que l'arrêt frappa Jacques-Cœur, non pas de la peine de mort, on n'avait que faire de sa vie, mais de la confiscation de ses biens : « pour crime de concussion et exaction de nos finances, de transport de grande quantité d'argent aux Sarrasins, transport de billon d'or et d'argent hors de notre royaume (1). » On procéda contre lui par

(1) La sentence fut enregistrée au parlement de Toulouse le 5 avril 1453.

saisie de meubles et immeubles confisqués. Comme la fortune de maître Jacques-Cœur consistait aussi en créances sur divers particuliers et qu'il était en compte même avec les héritiers d'Agnès Sorel, chaque débiteur dut déclarer, sur la foi du serment, quelle était la quotité de sa dette envers l'argentier du roi et cette enquête s'étendit jusque sur les banquiers de Gênes, de Venise en compte courant avec lui (1). Si l'on enferma Jacques-Cœur dans le château de Tarascon, ce fut pour qu'il pût mieux déclarer la quotité de ses créances. Plus tard Jacques-Cœur parvint à s'évader : le souverain pontife l'accueillit avec honneur. Il vint s'établir à Venise où il continua son ancien commerce avec l'Orient et l'Égypte, pays des infidèles.

Les biens confisqués sur Jacques-Cœur furent répartis entre le roi et les chefs de gens d'armes; Chabannes, le plus favorisé entre tous, obtint les belles terres de Saint-Fargeau, de Concy et de Pereuse qui contenaient vingt-sept paroisses (2) ; plus tard, tout finit par un procès et une transaction avec les enfants de Jacques-

---

(1) Voir mon travail *sur les financiers*.

(2) De plus de 20,000 écus; il y eut un acte de vente de la terre de Saint-Fargeau comme pour légaliser le don.

Cœur ; ceux-ci réclamaient les droits de leur mère, la dot reconnue selon la loi romaine. Les possesseurs des terres confisquées transigèrent avec eux pour une indemnité ; les lois de la justice régulière avaient été si outrageusement méconnues qu'il leur était impossible de conserver des biens sans rougir aux yeux de Dieu et des hommes. Pendant le règne de Louis XI seulement, la mémoire de Jacques-Cœur fut entièrement réhabilitée (1).

Sous l'influence des chefs aventureux qui prirent une fois encore le pouvoir sous Charles VII, après la mort d'Agnès Sorel, il se fit une grande exaltation pour la mémoire de la Pucelle ; son procès fut révisé et son arrêt cassé, car il s'agissait de la compagne de leurs victoires. Remarquons encore combien cette réhabilitation fut tardive ; il n'en fut pas question tant que le pouvoir des hauts barons, sous Agnès Sorel, domina le conseil du roi ; mais dès que ce pouvoir fut détruit pour retomber aux mains des chefs de grandes compagnies, quand on poursuivait Jacques-Cœur le financier, alors on revint à la populaire légende de la Pucelle, glorieux épisode des temps de Tanneguy Du-

(1) Cette transaction se trouve aux registres de la chambre des comptes, 5 août 1457.

châtel, de Dunois, de Lahire et de Xaintraille ; Jeanne d'Arc avait été l'héroïne de ces temps et l'on réhabilita sa mémoire (1).

Alors on vit reparaître dans la lice contre le roi, le duc de Bourgogne qui avait accueilli sur ses terres le dauphin ; les positions étaient changées, et comme le dit Monstrelet, « chacun ne songeait qu'à se pourvoir. » La ligue des ducs de Bourgogne et d'Alençon avec le dauphin jetait le roi Charles VII dans une tristesse inimaginable : Dunois et Chabannes le gouvernaient encore d'une façon absolue ; tous les yeux se tournaient vers le dauphin, alors retiré à Gennape dans le domaine du duc de Bourgogne. Le jeune prince paraissait ne s'occuper de rien ; il continuait, pour cacher ses desseins, son livre plaisant des *Cent Nouvelles* destiné à l'amusement des dames de la cour de Bourgogne. Le dauphin considérait Charles VII son père comme un roi fini, tout à fait captif aux mains des chefs audacieux des grandes compagnies que le dauphin détestait profondément. La ligue qui se préparait avait pour objet de reconstituer le gouvernement des grands vassaux

(1) La réhabilitation de la Pucelle est du 7 juillet 1456 ; cet acte qui se trouvait dans les Mss. Rohan Soubise a été inséré dans les preuves de l'*Histoire de Charles VII*.

tel qu'Agnès Sorel l'avait protégé de son influence (1).

Charles VII, affaibli par l'âge, par sa position, n'avait plus une pensée à lui ; la peur d'être empoisonné lui faisait rejeter toute nourriture : il avait abandonné Paris pour se retirer encore dans les châteaux de Touraine, où il avait passé sa première vie, entouré de Tanneguy Duchâtel, Dunois et de Chabannes. Ses petites jambes si courtes ne le soutenaient plus ; il se couvrait d'une longue robe et il avait même renoncé à porter ses armes. Charles VII (2) mourut tellement délaissé, qu'il n'y eut même pas de convoi solennel pour ses funérailles. Dunois, seul, y assista. Tous se préoccupaient du nouveau règne, du dauphin qui prenait le nom de Louis XI.

(1) *Vigiles de Charles VII.*
(2) Charles VII mourut à Meun-sur-Yèrre, en Berri, le 22 juillet 1460. Pour les détails sur la fin de son règne, il faut consulter Philippe de Comines.

XX

Avénement de Louis XI.—Le souvenir d'Agnès Sorel.

(1461—1467.)

L'avénement du dauphin, sous le nom de Louis XI, devait être une véritable réaction contre les influences du conseil de Charles VII, composé des chefs des grandes compagnies; bien avant la mort de son père, le dauphin avait protesté contre ces influences funestes. Aussi, quand à l'avénement, le duc de Bourgogne lui avait demandé une amnistie absolue pour les serviteurs de Charles VII, le nouveau roi voulut bien l'accorder, mais à la condition expresse que sept personnes en seraient exceptées. Lesquelles? Le roi n'en nommait aucune. « Mon bel oncle, je vous l'accorde ainsi que vous le voulez, mais j'en excepte sept personnes, lesquelles m'ont tant et si gravement offensé, que je ne puis leur pardonner (1). » Ces gens exceptés étaient surtout le comte de Dunois, de Laval, d'Albret, d'Estouteville, Duchâtel, etc. Aussi tous avaient pris la fuite, à mesure que Louis XI s'avançait de Gennape vers les frontières de son royaume (2).

Jamais le dauphin n'avait aimé Agnès Sorel, mais la dame de Beauté morte, le nouveau roi gardait bon souvenir de son système et de ses services ; car Agnès Sorel avait plus d'une fois débarrassé Charles VII de cette influence de gens d'armes qui formaient son conseil. On remarquera que, lorsqu'un pouvoir succède à un autre, il prend souvent les idées et les hommes de ce pouvoir qui tombe, alors même qu'il les aurait combattus au temps de son opposition : l'autorité, dans quelques mains qu'elle soit placée, suit certaines idées fixes, invariables, qu'elle adopte quand elle veut se faire obéir et respecter. Aussi Louis XI protégea-t-il la mémoire d'Agnès Sorel ; quand il visita

(1) Mss. Le Grand (Biblioth. impér.).

(2) Il y eut quelques jours d'incertitude sur la mort du roi, ainsi qu'on peut le voir d'après les registres du parlement de Paris, 23 juillet 1460.

l'église de Loches, les chanoines, ingrats à la mémoire de leur bienfaitrice, voulant flatter le nouveau roi, lui demandèrent la permission de détruire le tombeau d'Agnès Sorel placé au milieu de leur église; Louis XI, avec son regard railleur, leur répondit « qu'il y consentait volontiers, mais à une condition, c'est qu'ils renonceraient en même temps aux dons qu'ils en avaient reçus, aux legs qu'elle leur avait faits. » Et les chanoines s'en gardèrent bien (1).

Au contraire, et c'est un fait remarquable, on ne voit pas un seul acte, un seul édit de Louis XI qui rappelle la mémoire de Jeanne d'Arc; pendant ses trente ans de règne, il n'en est pas fait mention : l'ennoblissement de la famille d'Arc (2) datait de Charles VII; c'est que la légende de la Pucelle appartenait à cette époque de gouvernement irrégulier et d'expéditions aventureuses de Dunois, de Xaintrailles, de Tanneguy Duchâtel que Louis XI considérait comme un temps de désordre ; il garde haine contre eux; on peut la voir éclater encore dans l'acte de complète réhabilitation qu'il accorde à l'enfant et à l'héritier de Jacques-

(1) Notes de Lenglet Du Fresnoi sur Comines.
(2) Depuis, cette famille prit le nom du Lys; elle est éteinte en la personne d'Henri du Lys, mort en 1760.

Cœur, en même temps qu'il lui restitue les biens confisqués : « Loys ; savoir fesons que par les rapports qui furent faits à feu notre très chier seigneur et père que Dieu absolve, de la personne de Jacques-Cœur, son argentier, par plusieurs ses hayneux et malveillants, tendant à le dépouiller et eux enrichir de ses biens, et entre les autres, par Antoine de Chabannes, lesquels hayneux demandèrent à avoir don des biens dudit Jacques-Cœur, et furent lesdits biens déclarés confisqués, et que ledit de Chabannes prétendit avoir les terres de Saint-Fargeau, de Lavau, Saint-Maurice, etc.; nous, les choses considérées, ayant en mémoire les bons et louables services à nous faits par ledit Jacques-Cœur, donnons et délaissons à Geoffroi Cœur, son fils, lesdites terres qu'a tenues et possédées Chabannes, et les tenir et toujours posséder perpétuellement par lui et les siens, etc. (1). »

Jacques-Cœur était le protégé d'Agnès Sorel. A leur tour les héritiers de la dame de Beauté possédèrent paisiblement toutes les terres de son héritage ; Louis XI con-

---

(1) Paris, août 1463 (ordonnance du Louvre XI); enregistré au parlement, le 7 septembre, et à la chambre des comptes le 10.

firma la légitimation de ses filles, qui toutes obtinrent la prérogative des fleurs de lys en leur blason. La pensée de tout le système de Louis XI fut dirigée contre la chevalerie, gouvernement qui avait mis le roi Charles VII en tutelle de quelques aventureux chefs de gens d'armes. Louis XI ne voulut avoir que des instruments dociles dans ses mains ; le prévôt Tristan était aussi brave que La Hire et Xaintrailles, aussi dur aux batailles que Dunois, mais il n'avait pas cette ambition de commandement, la supériorité turbulente des aventureux des châteaux de Loches ou de Chinon. Louis XI eut aussi une résidence de prédilection, Plessis-les-Tours (1), mais c'était là une forteresse redoutable où toute l'obéissance était acquise au roi ; ses familiers avaient tous le caractère de serviteurs dociles qui exécutaient ses volontés.

Louis XI avait aussi les archers écossais triés et choisis pour la garde de sa personne, des mercenaires suisses et lombards, mais aucune de ces compagnies ne lui faisait de conditions ; il les payait bien et les capitaines

(1) Il existe au cabinet des estampes un plan contemporain du château de Plessis-les-Tours (Biblioth. impér., règne de Louis XI).

restaient soumis à sa volonté. Le travail de la royauté sous son règne fut immense : après avoir assoupli tous les instruments sous sa main, Louis XI entra avec toutes ces forces obéissantes, en lutte avec la haute féodalité et spécialement avec les ducs de Bourgogne, de Bretagne et même avec les comtes d'Anjou, dont il convoitait l'héritage, et dans cette œuvre si difficile, Louis XI se servit de la bourgeoisie des villes, des cités municipales qu'il ne redoutait pas. Il leur fit des concessions très-larges (1) ; après avoir dompté les halles de Paris, trop dévouées au duc de Bourgogne, il organisa les municipalités, les métiers, les corporations, les bannières, et avec leur concours le Roi entreprit la lutte la plus hardie contre les hauts feudataires qui, jusque là, avaient pressé les forces de la royauté sous leurs étreintes par une guerre de châteaux et l'invocation de leurs priviléges.

L'élément bourgeois entrait largement dans les moyens du roi Louis XI ; il ne lui répugnait pas de traiter directement avec les citoyens de Liége, de Malines et de Bruxelles contre le duc de

---

(1) Voyez les tomes XII à XIV des ordonnances du Louvre consacrés au règne de Louis XI.

Bourgogne; il aimait ses compères les Suisses (1) qui servaient sa politique ; le prévôt Tristan, le médecin Coytier, le barbier Olivier le Daim, n'étaient pas seulement les serviteurs de sa personne, mais encore les instruments fidèles pour accomplir certaines missions de confiance. Il n'y avait pas jusqu'à maître Trois-Échelles, le routier, le bras droit du prévôt Tristan, qui ne fût l'intermédiaire fidèle auprès des Bohémiens, gens sans aveux, qui allaient de villes en en villes pour porter les secrets messages du roi. En général, il y a toujours eu une affinité intime entre l'élément populaire et la tyrannie ; partout où il y a démocratie, bientôt il y aura despotisme.

La société, telle que Louis XI l'organisa, n'avait alors aucune ressemblance avec celle de Charles VII ; s'il respecta le souvenir d'Agnès Sorel, c'est que cette image se rattachait à la révolution qui chassait les turbulents gens d'armes de la cour de Charles VII et spécialement Dunois, Tanneguy Duchâtel, Chabannes, les ennemis personnels du dauphin ; Louis XI organisa la bourgeoisie et les métiers pour dompter

---

(1) Le premier traité politique de son avénement fut fait avec les Suisses (1462).

la féodalité : il n'y eut plus sous son règne de prétentions extrêmes ni de turbulences. Pour arriver à ce résultat il dut se montrer inflexible et plus encore habile que sanglant (1).

(1) Il faut un peu se méfier de Philippe de Comines qu'on a trop copié pour écrire l'histoire de Louis XI, comme il ne faudrait pas complétement croire aux récits du patricien Tacite sur les Césars, les dictateurs de la démocratie.

XXI

Les historiens de Charles VII et d'Agnès Sorel : Froissard, Monstrelet et Jean Chartier.

Les quatorzième et quinzième siècles furent fertiles en historiens populaires ; les chroniques du moyen âge (j'en excepte celle de Saint-Denis) qui avaient recueilli les faits, étaient consultées sans être répandues. Tout à coup, un réveil se fit dans l'histoire, et Froissard doit être placé à la tête de cette belle série de chroniqueurs qui peignent sous les plus brillantes allures, cette génération de chevalerie, de tournois et de grands gestes ; il était né (1) à Valenciennes, ville de Flandres ; enfant il aimait déjà les ménestrels et joyeux déduits d'amour.

(1) Vers l'an 1333.

Et lors devisant à part lui
Quand adviendrait le tems pour lui
Que d'amour il pourrait aimer.

Froissard commença ses récits d'histoires à vingt ans, car il avait la passion de voir, de recueillir et de narrer ce qu'il avait vu : la tête toute remplie des romans de chevalerie, des Amadis et des Tristan, il se mit en route sous la protection de madame Philippe de Hainault, la femme d'Edouard III, roi d'Angleterre, pour réciter toutes les belles histoires des châteaux, d'amour et de guerre : « J'ai commencé jeune de l'âge de vingt ans et je suis venu au monde en même tems que les faits et aventures que je narre et j'y ai pris toujours grande (1) plaisance plus qu'à autre chose, et si Dieu m'a donné la grâce que j'ai été bien de toutes les

---

(1) Il existe (Biblioth. imp.) plusieurs beaux manuscrits de la Chronique de Froissard ; le plus magnifique est enluminé de miniatures. L'édition *princeps* de Froissard porte ce titre : *Chronique de France, d'Angleterre, d'Écosse, d'Espagne et de Bretagne, par J. Froissard, depuis l'an 1326 jusqu'en 1400.* Dans les temps modernes, on a fait plusieurs éditions. On doit à un savant et spirituel vieillard de l'ancienne Académie des inscriptions qui daigna protéger mes premiers travaux d'érudition, M. Dacier, le goût répandu des Chroniques de Froissard ; M. Dacier avait gardé les belles manières de l'école de M. le duc de Choiseul. M. Dacier, M. Quatremère de Quincy, M. de Sacy furent mes premiers guides et de véritables protecteurs pour mes travaux.

parties et des hostels des rois et par spécial du roi Edouard et de la noble reine sa femme, madame Philippe de Hainault, à laquelle en ma jeunesse je fus clerc et la déservais de beaux dires et traités amoureux; pour l'amour du service de la noble dame à qui j'étais, tous autres seigneurs, ducs, comtes, barons et chevaliers de quelque nation qu'ils fussent, m'aimaient et me voyaient volontiers; ainsi, en titre de la bonne dame et à ses côtés et aux côtés des hauts seigneurs en mon tems, j'ai recherché la plus grande partie de la chrétienté; partout où je venais, je fesais enquête aux anciens chevaliers et écuyers qui avaient été dans les faits d'armes et qui proprement en savaient parler, et aussi aux anciens hérraults d'armes pour justifier et vérifier les matières. Ainsi, ais-je rassemblé la noble et haute histoire; à tant que je vivrai par la grâce de Dieu je la continuerai, car plus j'y suis, et plus y laboure, plus me plaît, car ainsi, comme le gentil chevalier ou écuyer qui aime les armes : ainsi, en labourant et ouvrant je m'habilite (1) et me dilecte. »

Ainsi parle Froissard avant d'écrire sa

---

(1) Mot charmant et perdu, je deviens habile.

chronique ! Que sommes-nous, pauvres et pédants écrivains d'histoire, avec nos grandes réflexions philosophiques et humanitaires à côté de Froissard et de ses belles descriptions de fêtes, de batailles et de tournois ! Nous vieillirons tous avec nos phrases, nos formes prétentieuses, tandis que Froissard, éternellement jeune, est encore aujourd'hui ce qu'il était au moyen âge, plein d'attraits et de vérité : qui de nous daigne s'enquérir pour raconter seulement? Qui n'accable son lecteur de réflexions, de points de vue avec la prétention de régir et d'enseigner la société? Coterie de pédants, nous régentons les siècles, et les siècles se moquent de nous et nous oublient !

Au caractère de chroniqueur, Monstrelet (1), qui écrit après Froissard, joint un esprit d'étude et de collection. Enguerrand de Monstrelet était prévôt de Cambrai, comme l'indique sa pierre sépulcrale : « Aujourd'hui a trépassé noble Enguerrand de Monstrelet, escuyer prévôt de Cambrai et fut porté en sa tombe en habit de cordellier, le visage nu et il y eut six flambeaux autour de sa bierre où il y eut un linceuil estendu ;

---

(1) Monstrelet était né en 1390 ; il était *nobilis, scutifer, et armiger*.

il fut un bien honnête homme et paisible et chroniqua de son temps, tant de guerre de France et d'Artois, de Picardie et d'Angleterre, loué en soit Dieu et bénis. » Enguerrand de Monstrelet fut surtout un collecteur de pièces ; très-partisan des ducs de Bourgogne, il rendit néanmoins toute justice à Agnès Sorel : comme Monstrelet veut qu'on ajoute foi à ses paroles et à ses récits, il apporte toutes les chartes à l'appui : n'était-il pas magistrat? Edits, harangues, plaidoyers et traités, il ne juge pas, il raconte, de sorte que nul ne peut se passer de le consulter (1) : ce qui fait que le bouffon Rabelais le compare « à un pot de moutarde qui assaisonne tout ; il lui assigne un chaperon vert et jaune avec des oreilles de lièvre. »

Des deux Chartier, Alain et Jean, l'un fut poëte, l'autre historien. L'auteur du *quadrilege instructif, de la belle dame sans mercy, du livre des quatre dames*, fut secrétaire du roi Charles VII et sa renommée lui mérita un doux baiser de Marguerite d'Ecosse ; Jean Chartier fut l'historien si remarquable, moine de Saint-Denis, qui écrivit les *grandes chroniques* de France

---

(1) L'édition *princeps* de Monstrelet est de Pierre Lenoir. Paris, 1512.

pour le règne de Charles VII; les Chroniques de Saint-Denis, ce grand livre de la France, seront l'éternelle source où l'histoire du moyen âge ira s'abreuver! Saint-Denis, abbaye que l'art moderne a défiguré (1) !

Jean Chartier, qui avait vécu dans l'intimité de Charles VII, s'est fait le défenseur d'Agnès Sorel; sans doute sa position auprès du roi l'avait rendu fort indulgent pour la dame de Beauté; il ne faut pas prendre son récit comme la vérité même, mais il indique bien les impressions du temps. Jean Chartier ne retrace la vie d'Agnès Sorel qu'à l'occasion de sa mort; un chapitre tout entier de sa chronique lui est consacré sous ce titre : *la belle Agnès* (2).

Au seizième siècle, peu à peu, la vieille chronique disparaît; les études universitaires de la réformation jettent dans les esprits un besoin de dissertation : on professe un grand dédain pour tout ce qui n'est plus que chronique, et par exemple, pour Belleforet, dernier reflet de l'école du moyen âge. Belleforet, né sous le règne

---

(1) Aucun fait important n'était inséré dans les grandes *Chroniques de Saint-Denis* sans être le sujet d'une enquête; ces chroniques étaient invoquées comme pièces authentiques devant le parlement.

(2) J'ai donné plus haut ce chapitre en entier.

de François Ier (1), s'était épris des épopées chevaleresques; il n'avait qu'un but: tout raconter; il ne faisait pas de réflexions transcendantes, il ne lançait pas des invectives universitaires, des harangues copiées de l'antique; il se complaisait dans les descriptions des fêtes, dans l'histoire des tournois, dans le récit des batailles : « il était dépourvu de tout esprit de critique, dit-on, il racontait sans juger.» Est-ce un bien, est-ce un mal? Ceux qui ont écrit « que l'histoire était un enseignement » n'ont posé ce principe qu'à la condition qu'ils seraient eux-mêmes les enseigneurs, c'est-à-dire, les pédants qui fustigent du haut de leur magistrature un peu ridicule les générations. Depuis le seizième siècle l'histoire prit un ton dogmatique, elle dédaigna même la langue française. Tout se résuma dans les annales latines de M. de Thou.

Qu'était donc ce de Thou, tant loué, tant prôné, qui a été même le sujet choisi pour les éloges académiques? De Thou appartenait au tiers-parti, moitié universitaire, moitié catho-

---

(1) François de Belleforet était du pays de Cominge, né en 1530; il avait été élevé par la reine de Navarre, sœur de François Ier. Il fut l'ami de Ronsard et de Baïf. Son livre porte le titre de l'*Histoire des neuf rois de France qui ont eu le nom de Charles.* Paris, 1574, in-8.

lique, qui a écrit avec ses passions étroites le règne des Valois. Elève et ami de Scaliger, il partageait les préjugés historiques et religieux de la reine et du roi de Navarre; il connut le sceptique Montaigne, ce railleur de toute croyance, de tout sentiment généreux, qui par sa froide raison et le bon sens, s'attache à détruire le glorieux passé de chevalerie. De Thou, le confident et le conseiller de Henri III pour l'assassinat de Guise, négocia en Allemagne pour appeler en France les reîtres et les lansquenets. Dévoué secrètement à la réformation, ce fut dans son intérêt qu'il écrivit l'histoire justement condamnée : Henri IV n'osa pas même le défendre, tant il avait menti dans sa voie. Il ne faut pas en faire un crime à de Thou : homme politique mêlé aux affaires de son temps, il les voit et les montre avec son opinion; rien de mieux et de plus légitime : est-ce qu'il est jamais possible de se séparer de son siècle? Mais ce qu'il faut trouver étrange, c'est qu'on ait voulu élever le pamphlet de de Thou (1) au-dessus de toutes les autres histoires, c'est qu'on ait présenté comme la vérité cette œuvre

---

(1) L'Académie française mit au concours, pour le grand prix, les éloges de de Thou et de Montaigne : la passion pédante en histoire et le scepticisme en croyance.

fatigante, ennuyeuse et passionnée à la fois, la plus déplorable condition d'un travail historirique. Le chroniqueur pouvait se tromper, mais il restait sans prétention ; l'historien à système trompe les âmes et dénature les idées et les faits.

XXII

Les traditions d'Agnès Sorel dans la Pucelle de Chapelain.

Un fait très-remarquable dans l'histoire, c'est qu'après la mort de Charles VII, je le répète, à peine fut-il question de Jeanne d'Arc; le monument élevé sur le pont d'Orléans à la mémoire du siége de cette ville (la vierge avec le Christ sur les genoux) faisait à peine mention de l'héroïque fille. Il fut brisé en 1572 (1) par les huguenots. Ses traits ne sont parvenus à la postérité que par une seule tapisserie (2). On ne voit même pas que sa famille qui reçut le nom de Dulys, ait obtenu de distinction

(1) On le trouve reproduit et conservé dans la collection des estampes (Biblioth. impér.), règne de Charles VII.
(2) Ils sont informes et presque effacés.

particulière ; ses armoiries seules restèrent brillantes, d'azur à une épée d'argent en pal croisetée et pommetée d'or, soutenant de la pointe une couronne d'or, et côtoyée de deux fleurs de lys d'or. La mémoire de Jeanne d'Arc semblait s'effacer, tandis que celle d'Agnès Sorel grandit et se colore à travers l'âge chevaleresque de François Ier.

Le réveil du nom de Jeanne d'Arc sous Louis XIII fut dû à une circonstance particulière : Dunois avait été associé à son œuvre de combats ; bâtard et chef lui-même des grandes compagnies, il avait combattu à côté de la Pucelle dans la courte et brillante expédition qui avait abouti au sacre de Reims ; le comte de Dunois était la source des Longueville, si élevés sous la minorité de Louis XIV pendant la Fronde ; famille pleine de fantaisies et d'ardentes passions. Le poëme qu'entreprit Chapelain sur la *Pucelle d'Orléans* fut tout entier composé en l'honneur de Dunois et par conséquent des Longueville.

C'était un singulier homme que Chapelain, un des fondateurs de l'Académie française ; fort érudit, bel esprit du monde, commensal des grandes maisons de noblesse, très-bien renté, au reste, et tout à fait académique, c'est-à-dire doué de cette heureuse nature qui ne heurte rien dans son élégante médiocrité pour marcher doucement dans la vie littéraire ; Chapelain recevait pour son poëme longtemps attendu, une pension de trois mille livres qui fut doublée lorsque la *Pucelle* parut. Chapelain n'avait pas fait grand frais d'imagination dans un mélange de souvenirs classiques de Virgile et du Tasse (1). Dunois et la Pucelle étaient au premier plan : c'était naturel dans un poëme fait pour les Longueville ; ils étaient la vertu, le courage divin ; « ils jouissaient pleinement de la confiance de Charles VII, lorsqu'un indigne favori voulut se servir de l'influence d'Agnès Sorel pour détruire le pouvoir de Dunois et de Jeanne d'Arc. Agnès Sorel était alors reléguée à Chenonceaux. »

> Dans un désert si beau la belle confinée
> Seule en pleurs, en soupirs passant chaque journée,
> Sans pouvoir de son sein par aucun agrément,
> Bannir le déplaisir de son bannissement.

Chapelain donne au favori qui veut détruire le pouvoir de Dunois et de la Pucelle le nom

---

(1) La *Pucelle* de Chapelain fut publiée pour la première fois in-folio à Paris, mais elle n'est pas complète ; le manuscrit qui contient les vingt-quatre chants est à la Bibliothèque impériale.

d'Amaury ; c'est à Roger, le frère d'Agnès, qu'il s'était adressé pour tirer la *dame de Beauté* de sa retraite de Chinon. Roger part et arrive auprès de sa sœur.

> Roger impatient, vers l'aimable colline,
> Pour rencontrer la belle à grands pas s'achemine,
> Et l'ayant aperçue au pied de ces grands bois
> De tout loin qu'il la voit s'écrie à haute voix :
> Reprends, ma chère sœur, ta première allégresse,
> Ta destinée enfin demeure la maîtresse.
> Amaury s'humilie et consent qu'à la cour
> Tu fasses à sa honte un triomphant retour.

Pleine de joie, comme l'Armide du Tasse, Agnès Sorel se revêt de ses plus beaux atours :

> Dans sa chambre elle passe, et là, pleine de joie,
> De vêtements pompeux l'abondance déploie ;
> Puis, pour accompagner ses précieux habits,
> Tire des diamants, des perles, des rubis ;
> Ses mains en trouvent plus que son cœur n'en désire,
> Le nombre l'embarrasse et sa peine est délire.

Ainsi parée, avec des perles aux cheveux, des bracelets et des colliers et ornée de son incomparable beauté, Agnès Sorel vint trouver Charles VII, alors à la tête de son armée que conduisait Jeanne la Pucelle ; Agnès est si belle, si séduisante.

> L'armée à cet objet de merveille est comblée,
> Charles sent sa raison à cet objet troublée.

Agnès garde ses grâces et sa dignité auprès du roi, elle lui offre ses services :

> S'incline en la voyant et d'un ton radouci
> Les yeux remplis d'amour lui vont parler ainsi.

Mais Jeanne d'Arc et Dunois veillent sur les destinées du roi ; ils ne veulent pas qu'Agnès Sorel s'associe aux périls de Charles VII et énerve leur empire.

> Mais la sainte (1) à horreur oyant leur artifice,
> Dit : Ah ! n'abusons pas du soleil de justice,
> Ne prenons pas en vain le nom du Tout-Puissant
> Et gardons devant lui notre cœur innocent.

Ecoutant les pieux conseils de Jeanne d'Arc, Charles VII, quoique plein d'amour, repousse Agnès Sorel qui en conçoit un profond dépit ; tout en pleurs, elle s'écrie :

> La révolte est publique et son âme légère
> A passé de mon joug au joug d'une bergère.

Alors Agnès Sorel va trouver le duc de Bourgogne pour lui dire l'impuissance de ses charmes sur Charles VII et son exil de la cour.

> De sa bergère alors j'éprouvai la manie
> Et fus du camp par elle indignement bannie.

(1) Jeanne d'Arc.

A la vue de tant d'appas, Philippe de Bourgogne lui-même ne peut résister :

> Tout entier à la belle il se laisse occuper,
> Et s'aveuglant lui-même il se laisse tromper.

Chapelain, tout en créant des fictions fort vulgaires, reste ici dans une sorte de vérité historique; Jeanne d'Arc et Dunois représentent les gens d'armes, les chefs des grandes compagnies qui s'étaient emparés de Charles VII. Agnès Sorel est la main intelligente et active qui prépare l'alliance des grands vassaux et spécialement de la maison de Bourgogne. Aussi Chapelain a-t-il la prétention des grandes épopées homériques.

> Je chante la Pucelle et sa sainte vaillance
> Qui, dans le point fatal où périssait la France,
> Ranimant de son roi la touchante vertu
> Relève son Estat sous l'Anglais abattu.

Ce poëme, qui contient plus de vingt mille vers, fut tout entier une flatterie adressée à la maison de Longueville et à la régente surtout, Anne d'Autriche. Chapelain était, pour ainsi dire, le poëte officiel, comblé de pensions, de biens et d'honneurs. Cependant, quelquefois il s'élève jusqu'à une charmante poésie, et quoique son poëme soit dirigé contre

Agnès Sorel, ce qu'il y a de plus gracieux, c'est précisément le portrait qu'il trace de la belle maîtresse de Charles VII se mirant dans une glace :

> . . . .
> Les glaces lui font voir un front pur et modeste
> Sur qui vers chaque tempe à bouillons séparés
> Tombent les riches flots de ses cheveux dorés ;
> Sous lui roulent deux yeux dont les ardentes flammes
> Mille foudres sans bruit s'élancent dans les âmes.
> Deux yeux étincelants qui, pour être sereins,
> N'en font pas moins trembler les plus hardis humains.
> Au-dessous se fait voir en chaque joue éclose
> Sur un fond de lys blanc une vermeille rose,
> Plus bas s'offre et s'avance une bouche enfantine
> Qu'une petite fosse à chaque angle termine,
> Et dont les petits bords faits d'un corail brillant
> Couvrent deux blancs filets de perles d'Orient.
> On voit que sous son col un double demi-globe
> Se hausse par mesure et soulève sa robe,
> L'un et l'autre d'un blanc si pur et si parfait
> Qu'il ternit la blancheur de la neige et du lait.

C'est par ces vers ravissants que Chapelain achève le portrait d'Agnès Sorel ; poëte presque amoureux, on lui pardonne son long et fastidieux poëme en faveur de cette description qui surpasse Virgile et le Tasse. Chapelain vivait à la cour d'Anne d'Autriche, dans la société de la Fronde la mieux ornée de ces beautés de cour, pierres précieuses dont le poëte présente toutes les facettes brillantes : c'étaient toutes les filles d'honneur de la reine, à l'époque de la belle et noble galanterie, et Agnès Sorel devait plaire quand chaque demoiselle se croyait appelée à la conquête du roi Louis XIV, jeune et brillant (1).

(1) J'ai décrit cette époque dans *Mademoiselle de La Vallière.*

XXIII

Le rôle d'Agnès Sorel dans la Pucelle d'Orléans de Voltaire. — La marquise de Pompadour.

En plein dix-huitième siècle, le nom de la belle Agnès retentit encore une fois dans un poëme qui remua cette société. C'était vers l'année 1740 ; la France voyait éclore l'empire charmant de madame de Pompadour (1) ; Thiriot, cet agent actif de Voltaire, un des échos de sa renommée, récitait alors en secret à la société élégante et spirituelle, au milieu des salons galants et licencieux, les fragments d'un poëme qui prenait pour héroïne Jeanne d'Arc ou la délivrance d'Orléans par Charles VII;

(1) Voyez mon livre sur *Madame de Pompadour*.

Voltaire, comme toujours, désavouait ce poëme et secrètement il était flatté du succès de volupté qu'il obtenait, surtout chez le maréchal de Richelieu auquel il l'envoyait, avec de petites gravures faites à Londres (1).

Enfin ce poëme parut en Hollande avec des notes fines et railleuses sur l'histoire du roi Charles VII : on sait quelles étaient alors les destinées des éditions de Hollande ; protégées par les grands seigneurs et souvent par les magistrats, elles pénétraient en France presqu'avec liberté, sous un petit parfum de prohibition qui les faisait rechercher davantage. Une autre édition se fit ensuite sous le titre définitif de la *Pucelle d'Orléans;* Voltaire avait voulu évidemment, dans ce poëme, imiter l'Arioste avec une teinte d'impiété philosophique qui caractérisait ses œuvres même badines.

Au point de vue national, c'était une mauvaise action, une infamie historique. Voltaire, toujours courtisan des Anglais, arrachait un des fleurons de notre couronne de gloire en abaissant l'héroïque épisode de la délivrance du territoire occupé par l'étranger ; il se raillait

---

(1) J'en ai donné le sujet dans mon *Maréchal de Richelieu.*

des traditions historiques de Saint-Denis, de l'oriflamme dans un triste et libertin badinage à l'usage des oisifs et des voluptueux.

Dans le poëme de Voltaire, la fable reposait toujours sur l'inertie de Charles VII, alors renfermé au château de Chinon ; mais au lieu que dans les traditions historiques Agnès Sorel réveillait l'esprit énervé du monarque, c'était elle qui l'enchaînait sous des fleurs.

> Le bon roi Charle, au printemps de ses jours
> En temps de Pâques en la cité de Tours
> A certain bal (le prince aimait la danse) (1)
> Avait trouvé (pour le bien de la France)
> Une beauté nommée Agnès Sorel :
> Jamais l'amour ne forma rien de tel.
> Imaginez de Flore la jeunesse,
> La taille et l'air de la nymphe des bois
> Et de Vénus la grâce enchanteresse
> Et de l'Amour le séduisant minois.
> L'art d'Arachné, le doux chant des syrènes,
> Elle avait tout ; elle aurait dans ses chaînes
> Mis les héros, les sages et les rois.

Ces vers charmants moins imagés, moins anacréontiques que ceux du vieux Chapelain, préludaient à la description des amours du roi et d'Agnès Sorel, amours tout sensuels, dans les délices du bal, des fêtes, des soupers.

(1) Ceci fait allusion à Louis XV et à madame de Pompadour.

> Du vin d'Aï la mousse pétillante
> Et du Tokai la liqueur jaunissante.

Voltaire avait évidemment encore en vue les soupers de Louis XV et de madame de Pompadour à Choisy. Dans cet enivrement de la royauté, saint Denis, le patron de la France, et que Voltaire raille avec sa légèreté impie, suscite Jeanne d'Arc pour sa délivrance ; c'est elle qui réveille le gentil roi de son apathie, et Agnès Sorel est abandonnée pour le tumulte des batailles ; la dame de Beauté exhale ses douleurs, ses plaintes, contre la Pucelle, qu'elle accuse de lui avoir arraché le roi, elle s'écrie :

> Où est-il donc? que va-t-il entreprendre?
> Est-ce là les serments qu'il me fit?

Pour retrouver le roi, Agnès revêt une armure de fer et prend la lance et l'épée comme un chevalier.

> Mon amant veut une fille guerrière,
> Tu fais d'Agnès un soldat pour lui plaire,
> Je le suivrai ; qu'il permette aujourd'hui
> Que ce soit moi qui combatte avec lui.

Voilà donc Agnès Sorel cherchant aventures de guerre, et qui tombe, ainsi vêtue en chevalier, dans un poste d'Anglais, commandé par Jean Chandos (les Anglais sont toujours loués par Voltaire) ; puis une suite d'épisodes licencieux, conduisant le lecteur aux amours d'Agnès et du page Montrose.

> Montrose était si beau, si tendre, si soumis,
> Était si doux, savait à tel point vivre
> Qu'on ne pouvait s'empêcher de le suivre (1).

C'est au château de Chinon que Charles VII retrouve Agnès Sorel et qu'elle reprend son royal empire.

> La douce Agnès composa son visage,
> Ses yeux, son air, son maintien, son langage.

Alors, pour arracher le roi à cet amour tendre, effréné, saint Denis transporte Agnès dans un château enchanté, où se trouve le beau page Montrose qu'elle aime. Charles VII y vient à son tour, et pardonne à tous sur la tendre sollicitation d'Agnès.

> La belle Agnès présente à l'entretien
> S'attendrissait, se sentant tout émue.
> Son cœur est bon ; femme qui fait l'amour
> A la douceur est toujours plus encline
> Que femme prude, ou bien femme héroïne.

Ce poëme de Voltaire, qui n'a ni le charme, ni la grâce de l'Arioste, se traîne jusqu'à la prise d'Orléans à travers une multitude d'épisodes licencieux. Le rôle de Charles VII est ri-

---

(1) Je ne puis rapporter les vers et les épisodes licencieux.

dicule, celui de Jeanne d'Arc, bouffon et ignoble. Quand Voltaire peint Agnès Sorel, il n'a devant les yeux que madame de Pompadour.

> Telle plutôt cette heureuse grisette
> Que la nature ainsi que l'art forma,
> Qu'une maman avisée et discrète
> Au noble lit d'un fermier éleva.
> Sa douce allure est un vrai port de reine,
> Ses yeux fripons s'arment de majesté,
> Sa voix a pris le ton de souveraine
> Et sur son rang son esprit s'est monté.

Ainsi était fait le dix-huitième siècle : insouciant, léger. Le nom d'Agnès Sorel ne se révélait plus que par le poëme de Voltaire. Cependant il se trouva un jour sous la plume de Louis XV : les chanoines de Loches, persévérant dans leurs idées, demandèrent à enlever de leur église le tombeau d'Agnès Sorel, comme trop profane. Le roi, qui avait le sentiment historique des gloires de la France, écrivit au bas de cette demande : « NÉANT, *laissez le tombeau où il est.* » Il y resta, en effet, jusqu'en l'année 1794, si fatale aux tombeaux ; il fut alors brisé sans respect pour la beauté et l'art. En l'année 1806, la statue d'Agnès fut restaurée pour les mains et la tête, un peu de fantaisie. Restaurer est sans doute un pieux devoir, qui se transforme quelquefois en manie dans l'histoire de l'art. Parcourez les galeries de sculpture de Versailles ou pénétrez dans les caveaux de Saint-Denis, une odeur de plâtre vous saisit à la gorge. Tous ces nez postiches, ces têtes blanches enfarinées dégradent la beauté sévère de ces vieux débris, c'est une autre espèce de profanation. Il faut laisser à la tombe d'Agnès sa triste et belle épitaphe déjà citée :

O mors sœva nimisque jam juvenilibus annis
Abstulit a terra membra serena suis.

Il y a dans cette physionomie historique d'Agnès Sorel un sentiment national qui fait pardonner les passions et les erreurs! Aux temps modernes, le nom d'Agnès a servi d'étendard pour soulever les peuples contre la domination de l'étranger, et lorsqu'en 1814 les périls de la France appelèrent le réveil de la nation, le doux nom d'Agnès Sorel vint se mêler aux chants de l'oriflamme !

Il faut partir, Agnès l'ordonne,
Adieu repos, plaisir, adieu ;
J'aurai pour venger ma couronne
Mes lauriers, l'amour et mon Dieu.
Français, que le nom de ma belle,
Dans leurs rangs porte la terreur ;
J'oubliais la gloire auprès d'elle,
Agnès me rend tout à l'honneur.

TABLE DES MATIÈRES.

	Pages
Préface...	v
Isabeau de Bavière. — La folie de Charles VI. — La gentille Odette (1390-1400).....................	1
Régence et gouvernement de la France pendant la maladie du roi (1400-1420).....................	11
Domination des Anglais en France. — Traité de Troyes (1301-1414)...................................	19
La cour du dauphin (depuis Charles VII). — Les grandes compagnies (1120-1424).................	27
Les Bretons, les Ecossais, les Lombards, auxiliaires de Charles VII (1320-1420).....................	33
La cour de Bourges et de Chinon. — Alliance de Charles VII et de la maison d'Anjou. — Arrivée d'Agnès Sorel (1420-1427).........................	41
Légende de la pucelle de Vaucouleurs (1410-1429)..	41

Pages

Actes du gouvernement anglais à Paris — Avénement de Henri VI (1424-1430).................. 63

Influence d'Agnès Sorel sur Charles VII. — Alliance avec les hauts féodaux (1435-1438).............. 75

Jacques-Cœur, l'argentier du roi. — Son alliance avec Agnès Sorel (1435-1440)..................... 83

Décadence du gouvernement anglais en France (1430-1435)...................................... 93

Charles VII et Agnès Sorel aux châteaux de Bourges et de Chinon (1430-1435)..................... 99

Traités avec le duc de Bourgogne. — Réconciliation avec Charles VII (1434-1435)............... 107

Les corporations et halles de Paris. — Restauration de Charles VII (1435-1438)................... 115

Charles VII et Agnès Sorel à Paris (1437-1439)..... 129

La chevalerie au quinzième siècle................. 133

Le dauphin. — Ses haines contre Agnès Sorel (1438-1441).. 147

Les cours de Bourgogne, d'Anjou et de Provence. — Le bon roi René, au quinzième siècle............ 157

Dernière période de la vie d'Agnès Sorel. — Sa mort (1440-1450)...................................... 167

Le dauphin en Flandre. — Procès de Jacques-Cœur. Mort de Charles VII (1150-1161)..b............. 179

Avénement de Louis XI. — Le souvenir d'Agnès Sorel (1461-1467).................................... 191

Les historiens de Charles VII et d'Agnès Sorel : Froissard, Monstrelet et Jean Chartier............ 199

Pages

Les traditions d'Agnès Sorel dans la Pucelle de Chapelain 209

Le rôle d'Agnès Sorel dans la Pucelle d'Orléans de Voltaire. — La marquise de Pompadour.......... 217

www.ingramcontent.com/pod-product-compliance
Lightning Source LLC
Chambersburg PA
CBHW060124170426
43198CB00010B/1021